手づくりスープはカラダにやさしい！

スープジャーの
お弁当

奥薗壽子
（家庭料理研究家）

世界文化社

スープランチ、
はじめませんか？

この本は手作りスープのレシピ集です。

しかし単なるスープではありません。スープを保温機能のある「スープジャー」に入れて学校や会社に持って行き、ランチにしようというわけです。お昼ごはんに、野菜たっぷりのあつあつスープがあったら、うれしいと思いませんか？

忙しい朝にスープを作るって、考えただけでも大変？
いいえ、この本のレシピなら大丈夫。小鍋かフライパンに材料をすべて入れて火にかけるだけ。ひと煮立ちさせたらスープジャーに移す、それだけです。おっくうにならないように、できるだけ買いおきできる食材を使い、中途半端に残らないように工夫しました。うまみを引き出しつつ、すべてを具として食べてしまうのが奥薗流。ゴミも出ないしムダもありません。スープのだしには削り節や昆布、肉類といった自然のものを使っているのも特徴です。といっても、あらかじめ漬けたりこしたりという手間はないのでご安心を。また、日常生活で不足しがちな栄養素を効率よくとれるようにも気をつけました。せっかく手作りするのですから、おいしいだけではなく、体の調子がよくなったり、ダイエットできたり、そんなプラスアルファがあったらいいなと思ったのです。

あれこれおかずを作らなくてもいいから、お弁当はちょっと無理という人でも気軽にはじめられるはず。しかも！ お昼にあたたかいものを食べられるんです。お昼にあたたかいものを食べるだけで、なんだかちょっとホッとしたり、午後からのやる気が出てきたり…。

簡単にできて、おいしくて、体にやさしいスープ。
まずは週1回でも2回でも、スープランチ、はじめませんか？

奥薗壽子

奥薗流スープのポイント

1. すべての材料を小鍋かフライパンに入れて加熱し、ジャーに移すだけ

2. 加熱時間は2〜3分、調理時間はだいたい5〜6分

3. 食材が中途半端に残らない

4. 包丁で切る作業をなるべく少なく

5. キッチンばさみ、おろし金をかしこく使って調理を簡単に

6. スープの素やだしの素は使わず、体にも舌にもやさしい自然のうまみを

7. 素材のうまみを引き出し、すべて具として食べる。ゴミが出ない

8. 不足しがちな栄養素が無理なくとれる

9. みそ、しょうゆ、塩味が基本。飽きのこないシンプルな味

10. 塩分ひかえめのやさしい味つけで、お腹も心もあったか

CONTENTS

スープランチ、はじめませんか？ ——— 2
スープジャーのお弁当
【レシピのルールと注意事項】——— 8

PART 1 ダイエットにも効果的！スープジャーでヘルシーランチ

「スープジャー」って何？ ——— 10
スープランチのいいところ ——— 12
基本の5分スープの作り方 ——— 16
「スープの素」がなくても簡単、
おいしいスープは作れます。——— 18

【スープ作りに役立つ食材ひと口メモ一覧】

【あ】糸こんにゃく ……… 90	じゃがいも ……… 45	練りごま ……… 92
梅干し ……… 106	しょうが ……… 30、37	【は】胚芽押麦 ……… 98
えのき ……… 64	酢 ……… 24	麩 ……… 81
オクラ ……… 66、84	すりごま ……… 83	豚ひき肉 ……… 50
【か】片栗粉 ……… 36	【た】玉ねぎ ……… 22	プチトマト ……… 107
カットわかめ ……… 97	卵 ……… 28	ブロッコリー ……… 60
かぼちゃ ……… 103	大根 ……… 86	干ししいたけ ……… 62
カレー粉 ……… 32	ツナ缶（ノンオイル）……… 53	ポン酢しょうゆ ……… 108
キャベツ ……… 95	豆乳 ……… 51	【ま】みそ ……… 105
切り干し大根 ……… 71	豆板醬 ……… 35	ミックスビーンズ ……… 58
クリームコーン ……… 70	豆腐 ……… 41	めかぶ ……… 69
削り節 ……… 77	トマト ……… 75、85	芽ひじき ……… 100
粉チーズ ……… 94	鶏ささみ ……… 43、87	もやし ……… 96
【さ】鮭中骨水煮缶 ……… 49	鶏ひき肉 ……… 79	【や】野菜ジュース ……… 52
雑穀 ……… 104	【な】長ねぎ ……… 34	柚子こしょう ……… 26

PART 2 冷え性改善！体あたためスープ

- しょうがと玉ねぎのとろとろスープ — 22
- もずく酢のサンラータン — 24
- 鶏肉と長ねぎの柚子こしょうスープ — 26
- えのき入りかきたまスープ — 28
- 鶏肉と大根のしょうがスープ — 30
- キャベツと油揚げのカレーみそ汁 — 32
- 中華風コーンスープ — 34
- ツナと白菜のピリ辛豆乳スープ — 35
- 豆腐とねぎのとろみスープ — 36
- かぼちゃと玉ねぎのしょうがみそ汁 — 37

PART 3 低カロリーでも大満足のダイエットスープ

- きのこけんちん汁 — 40
- 鶏肉のポトフ風スープ — 42
- トマト肉じゃがスープ — 44
- トムヤムクン風スープ — 46
- 鮭中骨水煮缶の三平汁 — 48
- マーボースープ — 50
- 鶏肉と白菜の和風シチュー — 51
- かぼちゃとトマトのカレースープ — 52
- ツナとじゃがいもとコーンのチャウダー — 53
- 鶏だんごとしめじのスープ — 54

Column 1
スープに"ちょい足し"でおいしいアイテム — 55

PART 4 食物繊維たっぷり！便秘解消スープ

チリコンカン ─────── 58
ブロッコリーのミルクスープ ─── 60
干ししいたけとトマトのスープ ── 62
きのこの梅スープ ─────── 64
オクラとコーンのスープ ───── 66
豆カレースープ ───────── 67
豚肉とひじきのスープ ────── 68
めかぶとえのきの中華スープ ─── 69
かぼちゃとコーンのポタージュ ── 70
切り干し大根のみそ汁 ────── 71

PART 5 疲れ気味のときは… 胃腸を休めるスープ

コロコロ野菜のスープ ────── 74
和風オニオングラタンスープ ─── 76
かぼちゃのポタージュ ────── 78
ふわふわチーズ卵スープ ───── 80
すりおろし野菜のポタージュ ─── 82
なすのごま汁 ────────── 83
くずし豆腐とオクラのスープ ─── 84
トマトみそ汁 ────────── 85
たっぷり大根みそ汁 ─────── 86
みぞれ汁 ──────────── 87

PART 6 腹もち抜群！ダイエットヌードル＆ごはん

- 和風きつねカレーヌードル ─── 90
- タンタンヌードル ─── 92
- トマトヌードル ─── 94
- ちゃんぽん風ヌードル ─── 95
- みそラーメン風ヌードル ─── 96
- わかめヌードル ─── 97
- 押麦の白がゆ ─── 98
- ひじきがゆ ─── 100
- サムゲタン ─── 101
- きのこのリゾット ─── 102
- かぼちゃ豆乳がゆ ─── 103
- 大豆がゆ ─── 104
- 大根のみそおじや ─── 105
- オクラがゆ ─── 106
- トマトリゾット ─── 107
- めかぶがゆ ─── 108

Column 2
冷えは美容と健康の大敵！
夏こそ熱いスープがおすすめです - 109

食材別索引 ─── 110

スープジャーのお弁当
【レシピのルールと注意事項】

- ◆ 本書のレシピは**3〜5時間後に食べること**を想定しています。作ってすぐに食べる場合には、メニューによって加熱時間が足りないことがありますので注意してください。また、**作ってから6時間以内には食べる**ようにしてください。

- ◆ 本書では、スープを多めに入れて撮影しています。実際には、**ジャー本体(p.10)の9分目まで**を目安に、**スープを入れすぎないように注意**してください。

- ◆ レシピページの材料は、上から**「具材」「A(スープの素材)」「仕上げに使う材料」**の順に並んでいます。また、「具材(調味料類を除く)」は、メニュー名の上にアイコンで表示しています。

- ◆ 小さじ1は5cc、大さじ1は15cc、1カップは200cc、1ccは1mlです。

- ◆ **電子レンジの加熱時間は600W**のものを基準にしています。500Wの場合は加熱時間を約1.2倍に、700Wの場合は約0.8倍に、1000Wの場合は約0.6倍にしてください。機種によって差が出ることがありますので、**ようすを見ながら加熱**してください。

- ◆ フライパンは**フッ素樹脂加工**のものを使用しています。

- ◆ **やけどに注意**して調理してください。

- ◆ スープジャー**本体を電子レンジで加熱したり、冷凍庫に入れたりしないで**ください。

- ◆ スープジャーの中に**ドライアイス、炭酸飲料、生ものは入れない**でください。

- ◆ 使用するスープジャーに**付属の取扱説明書に従って使用**してください。

PART 1

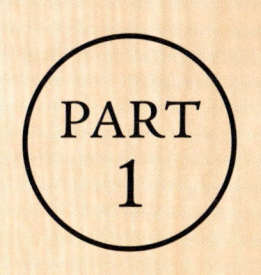

ダイエットにも効果的!
スープジャーで
ヘルシーランチ

野菜がたっぷりのヘルシーなスープランチ。
スープジャーのふたを開けると、
ふわっと立ちのぼるあたたかい湯気と、いい香り。
体にやさしい、おいしいスープがあれば、
昼休みが幸せな時間になります。

「スープジャー」って何？

容器本体に真空断熱層を使用した、携帯できる魔法ビン。
水筒と違うところは、1人分のスープを入れるのに
ちょうどいいサイズ、水筒に比べて浅く、口径が広いので具が入れやすく、
スプーンですくって食べやすいこと。手を入れて底まで
きれいに洗えるのも特長です。

組み立て式スプーンつき！

しっかり密閉できる【ふた】
ゴム製パッキンがついたふたは、ジャーを密閉し、汁もれを防ぐとともに中の温度を長時間キープ。

口をつけて飲める【飲み口】
プラスチック製の飲み口がついている商品がおすすめ。スプーンですくいにくいスープは直接口をつけて飲めます。

保温＆保冷機能に優れている【ジャー本体】
あたたかさをキープするだけでなく、弱火でコトコト煮たような「保温調理」が可能。もちろん、冷たいものも入れられます。

サイズ＆カラーバリエもいろいろ

本書で使用したスープジャー
フードポットスプーン付300ml
容量：300ml保温効力：
　　　83度以上(1時間)・
　　　54度以上(6時間)
本体寸法：直径90mm×高さ112mm
重量：約280g
色：レッド、ホワイト、ブラウン
㈱ドウシシャ
TEL0120-104-481
http://www.do-cooking.com/

スープジャーをかしこく使うポイント

1 やけどに注意

沸騰させたスープをジャーに移しかえるので、やけどに注意してください。カレースプーンのように先の細いスプーンで先に具をジャーに移し、後からスープを注ぎ入れるといいですよ。

2 3〜5時間後が食べごろ

朝作って昼食として食べることを想定しているので、作って約3〜5時間後が食べごろ。6時間以内をめどに食べましょう。それ以上おくとスープが冷め、腐敗の原因になります。食べかけでふたをして後でまた食べるのも衛生上よくありません。

3 容量を守りましょう

本書のレシピでは、具材の総重量が100〜150ｇ、水150ccが基本。多すぎるとふたをしたときにあふれたり、もれたりする可能性があり、少なすぎると、中の温度が下がりやすくなります。

4 肉類はしっかり加熱、冷凍品は解凍して

ジャーに移す前に、肉類は中まで火が通っているか、冷凍食品は解凍されているかを確認しましょう。牛乳、豆乳を使ったスープは、必ず一度沸騰させてから、ジャーに移すようにしてください。冷たいままジャーに移すと、スープの温度が下がってしまいます。

5 ジャーの中をあたためておくと温度が下がりにくい

本書では沸騰させたスープをジャーに移すので、この一手間は面倒くさければ省いても大丈夫なのですが、あらかじめジャーに湯を入れてあたためておくとスープの温度がさらに下がりにくくなります。熱湯がベストですが、水道の蛇口から出るお湯でも十分です。

6 電子レンジはNG

スープジャーは電子レンジにはかけられません。熱いうちにおいしく食べてください。商品によっては食器洗浄機もNG。付属の取扱説明書に従って使用してください。

スープランチ のいいところ

体があたたまる

あたたかいスープは、冷え性の人もそうでない人もうれしいもの。手作りなら、しょうがやねぎをたっぷり入れたり、とろみや辛味をプラスしたり、さらに体あたため効果をアップできます。

いつでもどこでも 気軽に食べられる

お弁当のように広げるスペースがいらないから、仕事の途中でも、狭いテーブルでも、あるいは公園でも、どこでも気軽にランチができます。

野菜がたっぷり食べられる

外食や買ってきたものでは、どうしても野菜が不足しがち。野菜は加熱することでグッとかさが減るので、サラダよりも無理なくたっぷり食べられます。食べられる野菜の種類もスープのほうが断然多くなります。

おかずを何種類も作らなくていい

お弁当を作るとなると、こまごまとおかずを作ったり彩りを添えたり、大変です。スープなら1品でOK。あとはお好みで、おにぎりやパン、フルーツなどをプラスしても。自分で料理しているという満足感も十分味わえます。

栄養をムダなくとれる

美容と健康に欠かせないビタミンやミネラルは、水溶性のものも多く、ゆでるとゆで汁に溶け出してしまいます。スープなら水に溶け出した栄養ごと飲めるので、ムダなく栄養を摂取できるというわけ。

買いおき食材 &
使いきりで経済的

この本で紹介したスープは買いおきしやすい食材を中心に使っているので、毎回わざわざ買い物をしなくても作れるようになっています。また、野菜などは中途半端に余らないように工夫してありますから、とっても経済的。

低脂肪・低カロリーで消化にいい

本書のレシピは炒めずに煮て作るので、あっさりしているのが特徴です。シンプルな味つけの低脂肪・低カロリーのスープは既成品ではなかなかありません。食べすぎ、飲みすぎ、胃腸の疲れ、ダイエット中など、あっさりヘルシーなスープがほしいときには、スープランチの出番です。

調理法はサッと煮るだけ！

とにかく鍋に入れて煮るだけ。味つけの失敗もありません。この本では切る作業もなるべく少なくしているので、忙しい朝でも無理なく作れるレシピになっています。料理初心者でも、大丈夫。

不足しがちな栄養素がとれる

自炊を心がけている人でも、食物繊維や鉄分、カルシウムをきちんととるのはなかなか難しいもの。スープなら、不足しがちなミネラルをたっぷり含んだ乾物や海藻、豆類を手軽に調理できます。

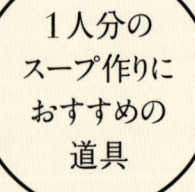

1人分の
スープ作りに
おすすめの
道具

小さめの鍋、またはフライパン
直径20cmくらい、フッ素樹脂加工された深さのあるフライパン。底が丸くなっていると少ない水分でもしっかり具材を煮ることができます。注ぎ口の有無はお好みで。

ふた
フライパンや鍋に合うふたなら何でもいいのですが、ぴったりと閉まるガラスのふたがおすすめ。中が見えるほうが具材の状態が把握できるので便利です。

PART1【ダイエットにも効果的！スープジャーでヘルシーランチ】

中身が見えないから、人目が気にならない

お弁当だと人目が気になるという人も、スープランチなら中身が見えないから、あり合わせのもので作っても恥ずかしくありません。中身が見えないことで、むしろおいしそうに見えちゃうかも!?

計量カップ

200mlがおすすめ。1人分の水分150mlが量りやすく、切った野菜を写真のように入れると具材の量の目安になり、300mlのスープジャーに入れるにはちょうどいい量です。

計量スプーン

小さじは5cc、大さじは15cc。量りながら作る習慣をつければ味つけの失敗が防げます。大小1本ずつではなく2～3本ずつ持っていると、いちいち洗わずに使えるので便利です。

カレースプーン

具のあるスープをジャーに移すときは、お玉よりもカレースプーンがおすすめ。スプーンで先に具をすくい入れてから、スープはフライパンから直接注ぎ入れると上手に入ります。

奥薗流・簡単極うまスープ

基本の5分スープの作り方

フライパンで煮立てて
ジャーに移すだけ。

1. 材料を小さめの鍋かフライパンに入れる

▶ **野菜の量は100gが目安**
▶ **肉類はほぐさず塊のままでOK**

切った野菜を200mlの計量カップに入れて1杯分が約100g。フライパンを秤の上に乗せて、量りながら入れてもOKです。多すぎるとあふれるので要注意。肉類は、ほぐさず入れたほうが、アクが出にくくなります。

2. ふたをして中火にかける

▶ **ふたはぴったり閉まるものを**

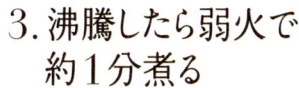

3. 沸騰したら弱火で約1分煮る

▶ 具材とスープ、両方を
　しっかりあたためて

▶ 冷凍食品は
　解凍されてあたたまるまで

しっかり熱しておくことでジャーの中で温度が下がりにくくなります。この段階ですべての野菜はやわらかくなりませんが、ジャーの中で保温される間に余熱でやわらかくなります。野菜がくったり煮えたスープにしたいときは、加熱時間を若干長め（＋2分）にしてください。

4. 肉をほぐして全体を混ぜる

▶ 肉類をほぐし、中まで
　火が通るまで加熱

▶ 削り節を入れる場合は
　このタイミングで

肉類の生煮えを防ぎます。削り節は、最初から入れると水分を吸って野菜にうまく火が通りません。

5. 味見する

▶ 足りないようなら
　調味料を足す

ひと口目はちょっと薄いかなというくらいが、飲みすすめるうちにちょうどよくなる味つけです。塩分のとりすぎはよくないので、薄めの味つけがおすすめ。

6. ジャーに移す

▶ ジャーの中をお湯で
　あたためておくと、
　スープが冷めにくい

▶ ふたをしたときに
　スープがあふれないように、
　本体の9分目まで入れる

▶ 移しにくいときは
　スプーンを使って

7. 約3〜5時間保温する

▶ スープジャーの
　保温機能で、具材に
　ゆっくり火を通す

スープジャーの保温機能を利用すれば、野菜はやわらかくなり、肉類は固くなりません。ジャーの中でゆっくり温度が下がっていくことで、具にスープのうまみがしみ、おいしくなります。

「スープの素」がなくても
簡単、おいしいスープは作れます。

食材からうまみを引き出しつつ、そのまま具として食べてしまうのが奥薗流のスープ。いわゆる「スープの素」の味に慣れている人には、物足りなく感じるかもしれません。けれど、後味のよさや、お腹に入ってからの軽さ、しみわたるような優しいおいしさを知ってしまったら、やみつきになること間違いなしです。

【乾物類】

昆布

うまみ成分・グルタミン酸の含有量は食材の中でトップクラス。和・洋・中どんなスープもおいしくなります。1×5cmの短冊状に切って保存し、食べやすいよう、キッチンばさみでさらに細く切ってスープに加えます。

削り節

かつお節は、小分けパック入りの削り節で。薄く細いので口に残らず、1回ずつ使いきれます。本書のレシピの分量は1食分3gですが、2gでも2.5gでも、手に入りやすい量のパックを使ってください。

干ししいたけ

乾いたまま軸をとり、手でポキポキと砕いて加えるだけで、保温している間にゆっくりとうまみが出ます。「どんこ」よりも、薄くてかさが開いた「香信しいたけ」が、砕きやすく値段も安いのでおすすめです。

切り干し大根

下処理はサッと洗うだけ。あとはキッチンばさみで切ってスープに入れます。戻す手間がいらないだけでなく、甘みとうまみがスープの中に溶け出すので、切り干し大根のおいしさをムダなく味わえます。

ちりめんじゃこ

煮干しのかわりにちりめんじゃこを使いました。短時間でうまみを引き出せて、具としてもおいしく食べられ、さらにカルシウム源としても優れています。しらすではなく、乾燥したちりめんじゃこがおすすめ。

PART1【ダイエットにも効果的！スープジャーでヘルシーランチ】

【魚介類】

必要な量だけ、凍ったままスープに使えるので便利な食材です。ひとつひとつの具が小さいものなら、スープジャーに移しやすい。だしが出てグッとおいしくなるので、必ずあさりが入っているものを選んでください。

魚缶

ノンオイルのツナ缶、鮭の中骨水煮缶を使いました。小さいサイズの缶を1食分ですべて使いきれるレシピになっています。うまみがたっぷりの缶汁ごと加えるのがコツ。具としても食べごたえ十分です。

冷凍シーフードミックス

【肉類】

鶏ささみ

チキンスープはクセがなく、どんなスープにも使えます。もも肉や胸肉でもおいしいのですが、ささみなら1本ずつ使いやすいのがいいところ。低脂肪、高たんぱくで、ヘルシーな具材としても優れています。

ひき肉

肉の表面積が広いので、濃厚なスープをとることができます。水から入れて徐々に温度を上げていくことでうまみを引き出します。塊のまま入れ、沸騰してからほぐすとアクが出にくく、スープがにごりません。

【その他】

トマト、白菜、玉ねぎ、きのこ、じゃがいもなどは、うまみをたっぷり含んだ野菜。水のかわりに野菜ジュースや牛乳、豆乳を使ってもコクが増します。うまみ食材は数種類組み合わせることで、おいしさがアップします。

PART 2

冷え性改善！
体あたためスープ

女性だけでなく男性にも冷え性が増えています。
冷え性は手足が冷たくて辛いだけでなく、
基礎代謝が落ちるので体に脂肪がつきやすくなります。
また、血行が悪くなって腰痛や肩こり、
生理痛、肌荒れの原因にもなります。
冷え性を改善するには体の中からあたためるのが一番。
あたたかいスープは冷え性改善におすすめの料理です。

【体あたためスープのポイントは…】

◆血行をよくする食材を使う

`しょうが` `長ねぎ` `玉ねぎ` `根菜類`

しょうが、長ねぎ、玉ねぎなどの香り、辛味の成分が血行をよくし、体をあたためてくれます。

◆発汗作用のある食材を使う

`カレー粉` `柚子こしょう` `豆板醤` `こしょうなどの香辛料`

スパイスを含む材料を使うことで、発汗作用、食欲増進、健胃作用を得ることができます。

◆とろみをつける

`片栗粉`

片栗粉でとろみをつけると冷めにくくなるので、お腹の中に入った後も、湯たんぽを抱えているようにあたたかさがキープされます。

◆良質のたんぱく質を組み合わせる

`卵` `ツナ` `鶏ささみ` `豆腐` など

たんぱく質には、熱を生み出す作用があります。また、良質のたんぱく質をとって筋肉量を増やすことも冷え性の予防になります。

しょうがと玉ねぎの
とろとろスープ

64 kcal

やっぱり、しょうがの体あたため効果は絶大!
玉ねぎは繊維を断ち切る方向に薄切りにすると、
とろりとやわらかい食感に煮上がります。
片栗粉のとろみも相まって、体もポカポカあたたまります。

材料(1人分)

玉ねぎ(うす切り)	1/2個(100g)
しょうが(すりおろし)	1/2かけ
A. 水	150cc
昆布	1×5cmのもの1枚
片栗粉	小さじ1
しょうゆ	小さじ1
削り節	1パック(約3g)

作り方

1. 具材とAを小さめの鍋かフライパンに入れて、片栗粉をきれいに混ぜてからふたをして火にかける。(昆布はキッチンばさみで細く切る)

2. 途中1～2回かき混ぜ、沸騰したら、削り節を混ぜてジャーに移す。

体あたため食材

玉ねぎ

玉ねぎの辛味成分「硫化アリル」には血行をよくして冷え性を改善する効果があります。薄切りにして冷凍しておくと、一人分のスープ作りに重宝します。

※本書では撮影の都合上、スープを多めに入れています。

PART2【冷え性改善！体あたためスープ】

もずく酢の
サンラータン

72 kcal

市販の味つきのもずく酢を加えて作るスープです。
ほんの少ししょうゆを足すだけで、味が決まります。
しょうがとラー油の辛味が、体あたため効果を発揮します。

材料（1人分）

豆腐（2cm角）	1/4丁（75g）
もずく酢	1パック（80g）
しょうが（すりおろし）	1/2かけ
長ねぎ（小口切り）	少々
A.水	100cc
昆布	1×5cmのもの1枚
しょうゆ	小1
ラー油	少々

作り方

1. 具材とAを小さめの鍋かフライパンに入れ、ふたをして火にかける。(昆布はキッチンばさみで細く切る)

2. 沸騰したらラー油を入れてジャーに移す。

体あたため食材

酢

酢には、血行をよくし、腸内環境を整える効果があるので、手先の冷えや肩こりの症状の緩和が期待できます。

PART2【冷え性改善！体あたためスープ】

鶏肉と長ねぎの柚子こしょうスープ

82 kcal

鶏ささみから出た上品なうまみをシンプルに味わえるスープです。
柚子こしょうは具材が煮えてから、
仕上げに加えると香りが逃げません。

材料 (1人分)

鶏ささみ (細切り)	1本 (50g)
長ねぎ (小口切り)	1本 (60g)
A. 水	150cc
昆布	1×5cmのもの1枚
柚子こしょう	小さじ1
しょうゆ	小さじ1

作り方

1. 具材とAを小さめの鍋かフライパンに入れ、ふたをして火にかける。(昆布はキッチンばさみで細く切る)
2. 沸騰したら柚子こしょうとしょうゆ各小さじ1を加えてジャーに移す。

体あたため食材

柚子こしょう

こしょうではなく、柚子の皮と青唐辛子と塩を混ぜたもの。唐辛子の辛味成分「カプサイシン」が血のめぐりをよくし、体ポカポカに一役買ってくれます。

PART2【冷え性改善！体あたためスープ】

えのき入りかきたまスープ

149 kcal

スープにとろみをつけておくと、卵がふんわりと仕上がります。
片栗粉はよく溶かしてから火にかけるのがコツ。
途中1〜2回かき混ぜると片栗粉がダマになる失敗がありません。

材料（1人分）

鶏ひき肉	30g
えのき（ざく切り）	1/4袋（40g）
しょうが（すりおろし）	1/2かけ
長ねぎ（小口切り）	少々

A. 水	150cc
昆布	1×5cmのもの1枚
しょうゆ	大さじ1/2
片栗粉	小さじ1/2
卵	1個

作り方

1. 具材とAを小さめの鍋かフライパンに入れ、片栗粉をきれいに混ぜてから、ふたをして火にかける。（昆布はキッチンばさみで細く切る）

2. 途中1〜2回かき混ぜ、沸騰したらひき肉の塊をつぶしながら混ぜる。ボウルに溶き卵を回し入れて全体に混ぜる。

3. 卵に火が通ったらジャーに移す。

体あたため食材

卵

冷え性の改善には、体の中で熱を生み出してくれる良質のたんぱく質をとることも大切。卵は調理が簡単で、消化吸収のよい良質なタンパク源です。

PART2【冷え性改善！体あたためスープ】

鶏肉と大根の しょうがスープ

78 kcal

鶏ささみだけでも上品なスープになりますが、干ししいたけを1個加えるだけでグンと味わい深いスープになります。干ししいたけは乾いたまま砕いて入れるだけなので簡単です。

材料（1人分）

鶏ささみ（細切り）――1本（約50g）	A. 水――――――――150cc
大根（5ミリ厚さのいちょう切り）――80g	昆布―――1×5cmのもの1枚
干ししいたけ（手で砕く）――1枚	塩――――――――小1/4
しょうが（すりおろし）――1/2かけ	こしょう――――――少々

作り方

1. 干ししいたけは乾いたまま軸をとり手で砕く。

2. 具材とAを小さめの鍋かフライパンに入れ、ふたをして火にかける。（昆布はキッチンばさみで細く切る）

3. 沸騰して鶏肉に火が通ったら、ジャーに移す。

体あたため食材

しょうが

しょうがの辛味成分「ジンゲロール」には血行をよくし、体をあたためる効果があります。しょうがの辛味と香りで、薄味でもおいしく感じられます。

1. 本書を最初に何でお知りになりましたか。
　　1.書店で実物を見て　2.人にすすめられて　3.インターネットで見て
　　4.新聞・雑誌の紹介記事（新聞・雑誌名　　　　　　　　　　　　）
　　5.新聞広告（　　　　　　新聞）6.雑誌広告（雑誌名　　　　　　）
　　7.メールマガジンで見て　8.その他（　　　　　　　　　　　　　）

2. お買い求めになった動機をお聞かせください。（いくつでも可）
　　1.興味のあるテーマだから　　2.著者に魅かれて
　　3.表紙など装丁が気に入って　　4.写真がおいしそうだから
　　5.その他（　　　　　　　　　　　　　　　　　　　　　　　）

3. 本書の良かった点、悪かった点をお書きください。

　　良かった点

　　悪かった点

※あなたのご意見・ご感想を、本書の新聞・雑誌広告や世界文化社のホームページ等で
　1. 掲載してもよい　　2. 掲載しないでほしい　　3. ペンネームなら掲載してもよい

　　　　　　　　　　　　ペンネーム（　　　　　　　　　　）

※当社よりお客様に、今後の刊行予定など各種ご案内をお送りしてよろしいですか。
　希望する場合は下の□にチェックしてください。

　　　　　　　　当社からの案内などを希望する……………□
　　　　　　　ご協力ありがとうございました。

郵便はがき

料金受取人払郵便

麹町局承認
4962

差出有効期限
平成27年
10月25日まで
（切手不要）

102-8720

439

東京都千代田区九段北
4-2-29

株式会社世界文化社
編集企画部

『スープジャーのお弁当』325係 行

|||||||||||||||||||||||||||||||||||||||||

フリガナ		年齢	1 男
氏名		歳	・
		1 未婚　2 既婚	2 女

住所 〒　－

　　　都道
　　　府県

TEL　　　　（　　　　）

e-mail

ご職業（当てはまる番号に○をしてください）
　1.会社員　2.会社経営・役員　3.自営業　4.自由業　5.公務員・教員　6.専業主婦
　7.パート・アルバイト　8.家事手伝い　9.学生　10.その他（　　　　　　　）

よく読む新聞、雑誌名等をお書きください。
新聞名（　　　　　　　　　　）　　雑誌名（　　　　　　　　　　）

※ 今後の企画の参考にするため、アンケートのご協力をお願いしています。ご回答いただいた内容は個人を特定できる部分を削除して統計データ作成のために利用させていただきます。ハガキやデータは集計後、速やかに適切な方法で廃棄し、6か月を超えて保有いたしません。

PART2【冷え性改善！体あたためスープ】

キャベツと油揚げのカレーみそ汁

139 kcal

みそ汁の隠し味にケチャップを加えると、うまみが倍増！
複雑な味になり、グッとおいしくなります。
意外にも、ケチャップはみそとの相性もいいんですよ。

材料（1人分）

キャベツ（ざく切り）	1〜2枚（80g）
油揚げ（短冊）	1/2枚（20g）
しょうが（すりおろし）	1/2かけ

A. 水 …………………… 150cc
　昆布 …………… 1×5センチのもの1枚
　カレー粉 ………………… 小さじ1
　ケチャップ ……………… 小さじ1
　みそ ……………………… 大さじ1/2
削り節 …………………… 1パック（3g）

作り方

1. 具材とAを小さめの鍋かフライパンに入れ、ふたをして火にかける。（昆布はキッチンばさみで細く切る）
2. 沸騰したら削り節を入れて、ひと混ぜしてからジャーに移す。

体あたため食材

カレー粉

カレー粉に含まれるスパイスには、発汗作用、食欲増進作用、健胃作用などがあります。冷凍庫で保存すると香りが飛びにくいのでおすすめです。

PART2【冷え性改善！体あたためスープ】

中華風コーンスープ

牛乳を使わないコーンスープ。
鶏ひき肉から出るうまみで、
あっさりしているのにコクがあります。
しょうがと長ねぎが体を温めます。

142 kcal

体あたため食材

長ねぎ

香り成分の「硫化アリル」は血行をよくする働きがあり、手先の冷えなどに効果的。長ねぎは食物繊維も豊富なので、便秘改善にも。小口切りにしてジッパー付き保存袋に入れて冷凍しておけば、すぐに使えて便利。

材料(1人分)

- 鶏ひき肉 ……………… 30g
- クリームコーン ……… 1/2缶 (95g)
- しょうが (すりおろし) ……… 1/2かけ
- 長ねぎ (小口切り) ……… 1/2本 (30g)
- A. 水 ……………………… 150cc
  - 昆布 ………… 1×5cmのもの1枚
  - 塩 ……………………………… 少々
- こしょう・ごま油 ……… 各少々

作り方

1. 具材とAを小さめの鍋かフライパンに入れ、ふたをして火にかける。(昆布はキッチンばさみで細く切る)
2. 沸騰したら、ひき肉を細かくほぐしながら混ぜる。
3. ひき肉に火が通ったらこしょうとごま油を入れてジャーに移す。

PART2【冷え性改善！体あたためスープ】

体あたため食材

豆板醤
そら豆、唐辛子を原料とした発酵調味料。辛味の他に塩分も含まれているので、入れすぎないように加減してください。

148 kcal

ツナと白菜の
ピリ辛豆乳スープ

ツナ缶のうまみを使った中華風の豆乳スープ。最初から豆乳を入れて煮ると分離するので、あとから加え沸騰させるのがポイントです。冷めにくく、腐敗も防げます。

材料（1人分）

ツナ缶（ノンオイル）	1缶（80g）
白菜（1cm幅）	1枚（70g）
しょうが（すりおろし）	1/2かけ
A．水	50cc
昆布	1×5cmのもの1枚
塩	小さじ1/5
オイスターソース	小さじ1
豆板醤	小さじ1/2
豆乳	100cc
片栗粉	小さじ1/2
こしょう・ごま油	各少々

作り方

1. 具材とAを小さめの鍋かフライパンに入れ、ふたをして火にかける。（昆布はキッチンばさみで細く切る）
2. 豆乳と片栗粉を混ぜ合わせておく。
3. 沸騰したら2を入れて混ぜ、とろみがついたら、こしょうとごま油を入れてジャーに移す。

77 kcal

豆腐とねぎの
とろみスープ

だし素材には、煮干しのかわりにちりめんじゃこを入れました。引き上げる手間もいらず、おいしく食べられるのがいいところです。

― 体あたため食材 ―

片栗粉
とろみのあるスープは冷めにくいので、お腹の中に入った後もあたたかさをキープし、体をポカポカとあたためてくれます。

材料(1人分)

ちりめんじゃこ	大さじ2
豆腐	1/4丁 (75g)
長ねぎ (小口切り)	1/2本 (30g)
しょうが (すりおろし)	1/2かけ
A.水	150cc
昆布	1×5cmのもの1枚
片栗粉	小さじ1
しょうゆ	小さじ1

作り方

1. 具材とAを小さめの鍋かフライパンに入れ、片栗粉が溶けるまでよく混ぜたら、ふたをして火にかける。(昆布はキッチンばさみで細く切る)

2. 途中1～2回かき混ぜ、沸騰したら、ジャーに移す。

PART2【冷え性改善！体あたためスープ】

かぼちゃと玉ねぎの しょうがみそ汁

冷凍かぼちゃは、一口大にカットされていて、必要な分だけ使えるので便利です。電子レンジで解凍してから、スープの中で煮るのがコツです。みそは塊のまま入れてOK。
沸騰してから最後に混ぜると香りが飛びません。

体あたため食材

しょうが

しょうがは皮ごとすりおろすのがおすすめ。チューブタイプを使っても体をあたためる効果は変わりませんが、生のしょうがを使うほうが断然おいしくなります。

材料（1人分）

かぼちゃ（冷凍）	2切れ（60g）
玉ねぎ（うす切り）	1/4個（40g）
しょうが	1/2かけ
A. 水	150cc
昆布	1×5cmのもの1枚
みそ	大さじ1/2
削り節	1パック（3g）

作り方

1. 冷凍かぼちゃはラップをして、電子レンジで約30秒加熱する。1cm幅に切る。
2. 具材とAを小さめの鍋かフライパンに入れ、ふたをして火にかける。（昆布はキッチンばさみで細く切る）
3. 沸騰したら、削り節を入れて、ひと混ぜしてジャーに移す。

＊生のかぼちゃを使用するときは、5mm幅に切って、そのまま入れてOK。

95 kcal

PART 3

低カロリーでも大満足の
ダイエット
スープ

ダイエットというとカロリーのことばかり
気にしがちですが、本当はバランスよく
食べることのほうが大切です。
ここではヘルシーなたんぱく質食品と野菜を
組みわせた、食べごたえがあって、
かつ栄養バランスのいいスープレシピを紹介します。

【 ダイエットスープのポイントは… 】

◆低カロリーのたんぱく質食品を使う

鶏ささみ　赤身のひき肉　豚肉　ツナ
鮭　豆腐　牛乳　など

肉類は脂分の少ない種類や部位、魚介類は缶詰や冷凍食品を上手に利用しましょう。

◆ビタミン、ミネラルが豊富な野菜を使う

かぼちゃ　ブロッコリー　トマト　じゃがいも　など

美容と健康に欠かせない栄養素がビタミン、ミネラル。特にビタミンC、B_2、ミネラルは、美肌作りに効果的です。

◆低カロリー食品で食べごたえをアップ

きのこ　白菜　など

きのこは食べごたえがあるのに超低カロリー。白菜も水分が多く低カロリーです。

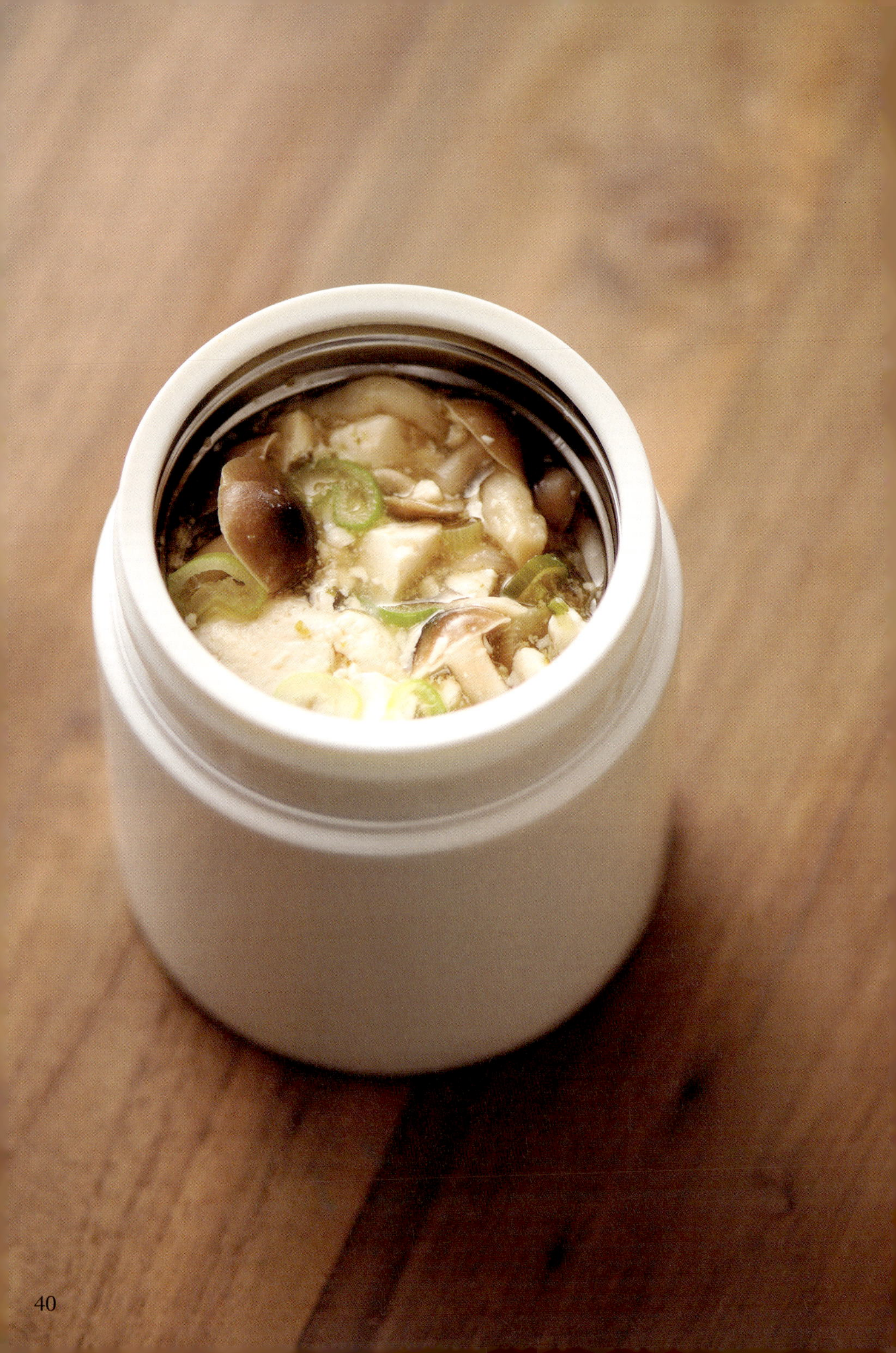

きのこけんちん汁

81 kcal

豆腐から水分が出るので、
初めに入れる水の量を少なめにしておくのがコツ。
きのこはしめじのほか、えのきやしいたけを混ぜても。
種類が増えるとおいしさがアップします。

材料（1人分）

- しめじ（小房）……… 1/2パック
- 長ねぎ（小口切り）… 1/2本（30g）
- 豆腐（手で崩す）…… 1/4丁（75g）
- A. 水 ……………………… 100cc
  - 昆布 ……… 1×5cmのもの1枚
  - 片栗粉 ………………… 小さじ1/2
  - しょうゆ ……………… 小さじ1
- 削り節 ……………… 1パック（3g）
- 柚子こしょう ……… 小さじ1/2

作り方

1. 具材とAを小さめの鍋かフライパンに入れ、片栗粉が溶けるまで混ぜ、ふたをして火にかける。（昆布はキッチンばさみで細く切る）

2. 途中1〜2回かき混ぜ、沸騰したら、削り節と柚子こしょうを混ぜてジャーに移す。

低カロリーで満足食材

豆腐

美肌効果、アンチエイジングなど、大豆のイソフラボンには女性にうれしい効果がいっぱい。1/2丁の小さめサイズを買うと、スープ2回で使い切れます。

※本書では撮影の都合上、スープを多めに入れています。

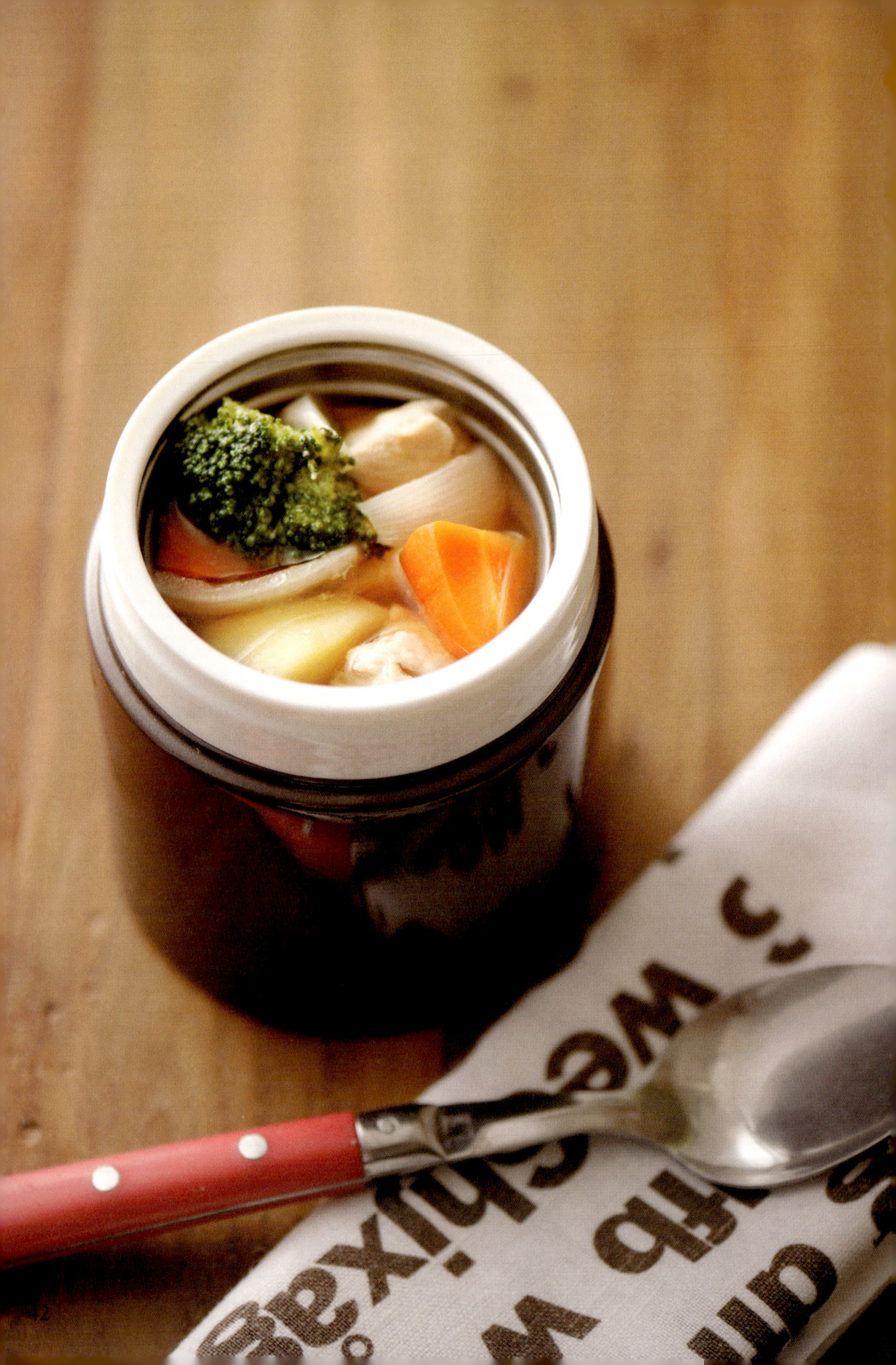

PART3【低カロリーでも大満足のダイエットスープ】

鶏肉の
ポトフ風スープ

85 kcal

野菜の量は合わせてカップ1杯(約100g)を目安に、
好みのものを組み合わせてください。煮続けず
余熱で火を通すので鶏ささみもしっとり仕上がります。

材料(1人分)

鶏ささみ(そぎ切り) —— 1本(50g)
じゃがいも(5mm厚さ) — 1/2個(60g)
ブロッコリー ……… 1〜2房(10g)
玉ねぎ(5mm厚さ) …… 1/8個(20g)
にんじん ………………… 1cm(10g)

A. 水 …………………………… 150cc
　昆布 ………… 1×5cmのもの1枚
　塩 …………………… 小さじ1/4
粗びき黒こしょう ………………… 適宜

作り方

1. 具材とAを小さめの鍋かフライパンに入れ、ふたをして火にかける。(昆布はキッチンばさみで細く切る)

2. 沸騰したら粗びき黒こしょうを入れてジャーに移す。

低カロリーで満足食材

鶏ささみ

低脂肪の良質なたんぱく源。1本ずつ使えるところが、1人分のスープ作りには使いやすいです。うまみ成分も多く、脂分の少ない上品なチキンスープがとれます。

44

トマト肉じゃがスープ

101 kcal

じゃがいもは小さいものなら1個、大きいものなら1/2個。プチトマトと合わせて計量カップ1杯（約100g）を目安にすると、300mlのスープジャーにぴったりな量になります。

材料(1人分)

- じゃがいも(5mmの半月切り) 1/2個(60g)
- 豚薄切り肉 (一口大) 30g
- プチトマト (ヘタをとる) 4個
- A. 水 150cc
- 昆布 1×5cmのもの1枚
- しょうゆ 大さじ1/2
- 削り節 1パック(3g)
- 粗びき黒こしょう 適宜

作り方

1. 具材とAを小さめの鍋かフライパンに入れ、ふたをして火にかける。(昆布はキッチンばさみで細く切る)
2. 沸騰したら豚肉をほぐしながら混ぜ、肉に火が通ったら削り節を入れて、ひと混ぜする。
3. 粗びき黒こしょうを加えてジャーに移す。

＊豚肉の部位は肩ロースでも、ももでも好みのものを。

低カロリーで満足食材

じゃがいも

ビタミンC、カリウム、食物繊維が豊富。スープに入れれば、水に溶け出したビタミン、ミネラルを効率よくとることができ、食べごたえもアップします。

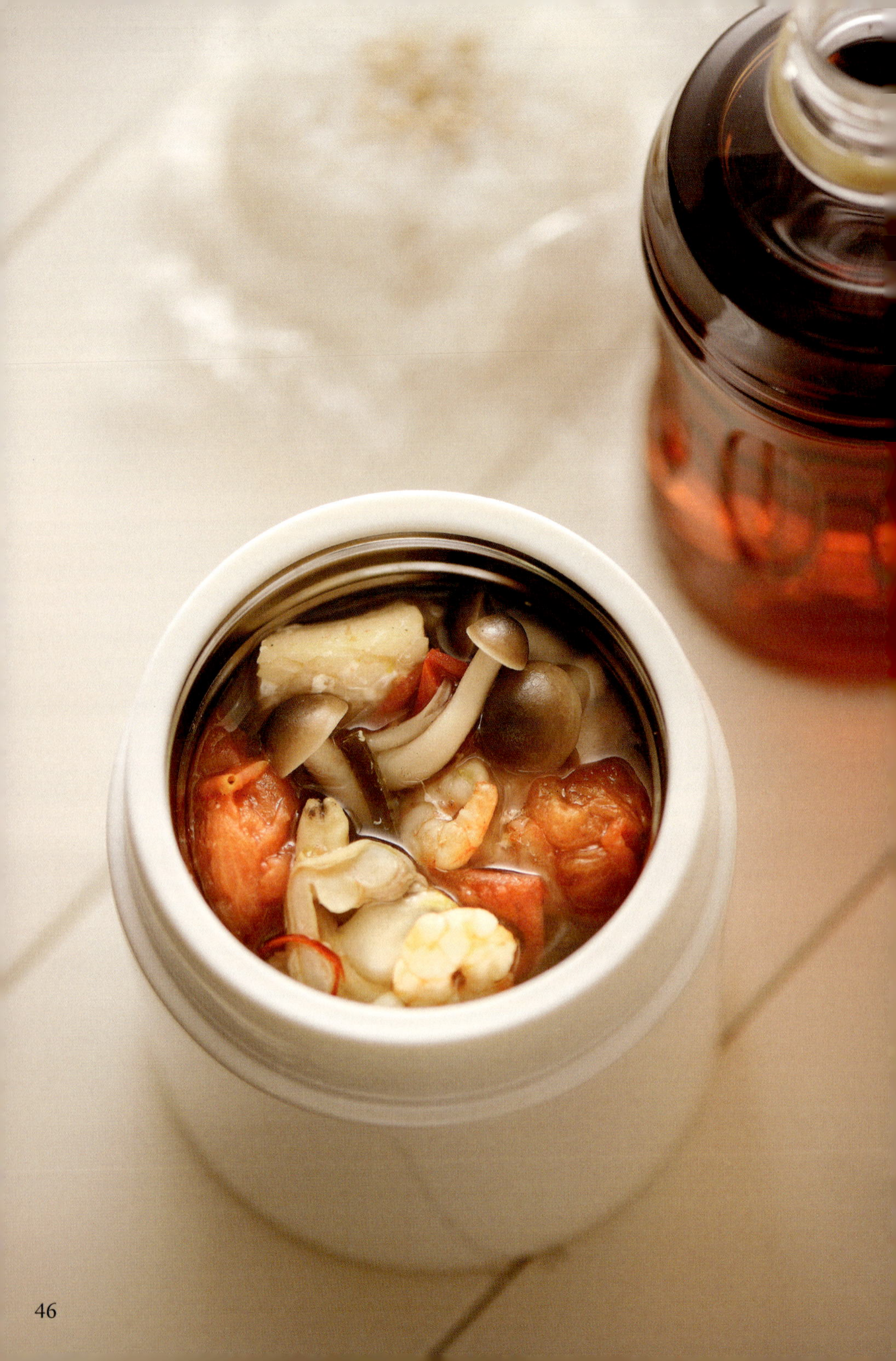

トムヤムクン風スープ

74 kcal

冷凍シーフードミックスを凍ったまま火にかけると、
スープにうまみが溶け出します。
うまみ成分の多いトマトとしめじをプラスして、
さらに味わい深く。レモンの酸味が味をキュッと引き締めます。

材料（1人分）

冷凍シーフードミックス …… 60g	A. 水 …………………… 150cc
プチトマト ………………… 4個	昆布 …… 1×5cmのもの1枚
しめじ（小房）……… 1/2パック	ナンプラー ………… 小さじ1
しょうが（すりおろし）… 1/2かけ	みりん ……………… 小さじ1
	レモン汁（または酢）… 小さじ1
	赤唐辛子（輪切り）……… 少々

作り方

1. 具材とAを小さめの鍋かフライパンに入れ、ふたをして火にかける。（昆布はキッチンばさみで細く切る）
2. 沸騰したら、ひと混ぜしてジャーに移す。

低カロリーで満足食材

冷凍シーフードミックス

少量ずつ必要な分だけ使えるので、1人分のスープ作りには便利な食材。だしの出やすいあさりが入っているものを選ぶのがおいしさのポイント。

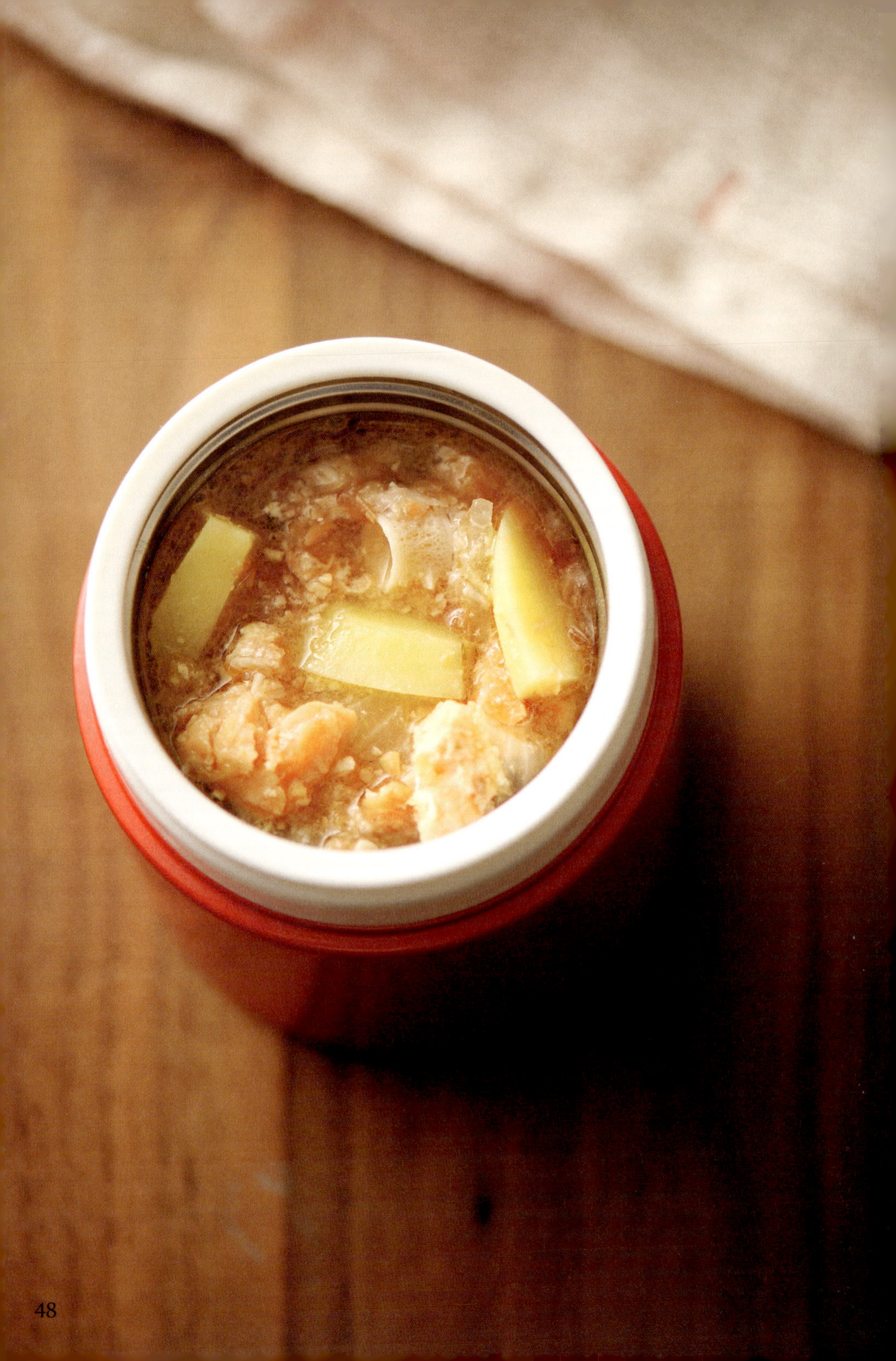

鮭中骨水煮缶の三平汁

145 kcal

鮭の中骨水煮缶を缶汁ごと入れると、だしにも具にもなります。ノンオイルのツナ缶やホタテ水煮缶でも作れます。1回で使いきれる小さめの缶詰が使いやすくておすすめ。

材料（1人分）

鮭中骨水煮缶	1缶（90g）
じゃがいも（5mm厚さのいちょう切り）	1/2個（60g）
玉ねぎ（うす切り）	1/4個（40g）
しょうが（すりおろし）	1/2かけ
A. 水	100cc
昆布	1×5cmのもの1枚
みそ	小さじ1

作り方

1. 具材とAを小さめの鍋かフライパンに入れ、ふたをして火にかける。（昆布はキッチンばさみで細く切る）

2. 沸騰したら、ひと混ぜしてジャーに移す。

低カロリーで満足食材

鮭中骨水煮缶

鮭が骨ごとやわらかく煮てあるので、不足しがちなカルシウムが手軽にとれます。ビタミンCを含むじゃがいもなどの野菜と一緒にとることでカルシウムの吸収がアップします。

139 kcal

マーボースープ

豚ひき肉は塊の状態で鍋に入れて火にかけ、スープが沸騰してからほぐしながら混ぜるのがコツ。アクが出ず、にごりの少ないポークスープになります。

低カロリーで満足食材

豚ひき肉
赤身が多いものを使うと、スッキリ上品なスープになります。ジッパーつきの保存袋に平たく広げて入れ、箸などで筋をつけて冷凍しておくと、1食分ずつ割って使えます。

材料（1人分）

豚ひき肉	30g
豆腐	1/4丁（75g）
長ねぎ（小口切り）	1/2本（30g）
しょうが（すりおろし）	1/2かけ
A. 水	150cc
片栗粉	小さじ1
豆板醤	小さじ1/4
オイスターソース	小さじ1
しょうゆ	小さじ1
ごま油	少々

作り方

1. 具材とAを小さめの鍋かフライパンに入れ、片栗粉が溶けるまでよく混ぜ、ふたをして火にかける。
2. 途中1〜2回かき混ぜ、沸騰したら、ごま油を混ぜてジャーに移す。

PART3【低カロリーでも大満足のダイエットスープ】

| 低カロリーで満足食材 |

豆乳
豆腐と同様、女性ホルモンに似た働きをするイソフラボンがとれます。調整豆乳と無調整豆乳があり、どちらを使ってもおいしくできますが、調製豆乳のほうが分離しにくいです。200ml入りを買えば、スープ2回で使い切れます。

158 kcal

鶏肉と白菜の和風シチュー

豆乳にみそを加えると、
ホワイトソースのようなコクのある味わいに。
鶏ささみでさらにたんぱく質をプラスします。
低カロリーの白菜としめじで食べごたえ十分。

材料(1人分)

鶏ささみ(細切り)	1本(50g)
白菜	1枚(60g)
しめじ	1/2パック(40g)
A. 水	50cc
昆布	1×5cmのもの1枚
みそ	大さじ1/2
豆乳	100cc
片栗粉	小さじ1/2
こしょう	適宜

作り方

1. 具材とAを小さめの鍋かフライパンに入れ、蓋をして火にかける。(昆布はキッチンばさみで細く切る)

2. 豆乳に片栗粉を混ぜ合わせておく。

3. A沸騰したら2を入れて、混ぜながら火にかけ、とろみがついたらこしょうを混ぜてジャーに移す。

＊豆乳は必ず再沸騰させて、3～5時間をメドに飲み切ってください。

かぼちゃとトマトの
カレースープ

材料をすべて鍋に入れて火にかけ、沸騰したら、
かぼちゃとプチトマトをつぶしながら混ぜるのがコツ。
かぼちゃの甘みととろみ、トマトのうまみと
酸味が混ざってワンランク上の味に。

| 低カロリーで満足食材 |

野菜ジュース

スープには、果物の果汁が含まれていない野菜ジュースを選んでください。トマトジュースよりも酸味が少なく、数種類の野菜のうまみがブレンドされているので、おいしいスープが簡単に作れます。

材料(1人分)

- 豚ひき肉 ……………… 30g
- かぼちゃ(冷凍) ……… 2切れ(60g)
- プチトマト(ヘタをとる) … 4個
- A. 水 ………………… 50cc
-   野菜ジュース ……… 100cc
-   カレー粉 ………… 小さじ1
-   しょうゆ ………… 大さじ1/2

作り方

1. 冷凍カボチャは、ラップをして電子レンジで20秒ほど加熱。5mm幅に切る。
2. 具材とAを小さめの鍋かフライパンに入れ、ふたをして火にかける。
3. 沸騰したらひき肉をほぐしながら混ぜ、ひき肉に火が通ったらジャーに移す。

＊生のかぼちゃを使うときは1〜2cm厚さに切り、そのまま入れてください。

167 kcal

PART3【低カロリーでも大満足のダイエットスープ】

ツナとじゃがいもと
コーンのチャウダー

バターを使わず、片栗粉でとろみをつけたチャウダーです。
缶汁ごと加えたノンオイルのツナ缶がうまみのモト。
じゃがいもとコーンで食べごたえもしっかり。

低カロリーで満足食材

ツナ缶（ノンオイル）
まぐろまたはかつおの身の水煮缶で、低脂肪で質のいいたんぱく源。1人分のスープで使いきれる80g入りの小サイズが便利です。スープに片栗粉でとろみをつけるとパサつきません。

材料（1人分）

ツナ缶（ノンオイル）	1缶（80g）
じゃがいも（角切り）	1/2個（60g）
冷凍コーン	大さじ3
A.牛乳	100cc
塩	小さじ1/5
片栗粉	小さじ1
こしょう	少々

作り方

1. 具材とAを小さめの鍋かフライパンに入れ、片栗粉がよく溶けるまで混ぜたら、ふたをして火にかける。
2. 途中1～2回かき混ぜ、沸騰したらこしょうを入れてジャーに移す。

203 kcal

103 kcal

鶏だんごと
しめじのスープ

鶏ひき肉に塩と片栗粉をざっくりと混ぜ、スプーンですくってスープに落とすだけで、即席鶏だんごのできあがり。簡単なのに、鶏だんごが入っているだけで、気分がちょっとワクワクします。

低カロリーで満足食材

しめじ

食物繊維を豊富に含み、しかも低カロリー。うまみ成分が多く、スープに入れるとだし代わりになります。洗うと水を吸い香りが飛ぶので、洗わずに使いましょう。残りは小分けにしてジッパー付き保存袋で冷凍保存。

材料(1人分)

鶏ひき肉	50g
片栗粉	小さじ1/2
塩・こしょう	各少々
しめじ(小房)	1/2パック
長ねぎ(小口切り)	少々
A.水	150cc
昆布	1×5cmのもの1枚
しょうゆ	大さじ1/2
こしょう	少々

作り方

1. 鶏ひき肉に片栗粉と塩、こしょうをざっくり混ぜておく。

2. 具材とAを小さめの鍋かフライパンに入れ、ふたをして火にかける。(昆布はキッチンばさみで細く切る)(鶏ひき肉は小さい塊に分けて入れる)

3. 沸騰したら、ひと混ぜしてこしょうを入れてジャーに移す。

Column 1

スープに"ちょい足し"で おいしいアイテム

ちょっと足すだけで、スープの味わいが変わる食材を紹介します。
チューブのまま、または小袋などに入れて、
スープジャーと一緒に携帯しやすいものばかり。
食べる前に入れるだけでなく、食べている途中にプラスして
味の変化を楽しむのもおすすめです。

こしょう・粗びき黒こしょう
発汗作用で体をあたため、味にパンチをきかせます。
→ 牛乳や豆乳を使ったスープ、洋風・中華風のスープに

いりごま・すりごま
食べるときに少し入れるだけでコクのある濃厚な味わいになります。
→ どんなスープにでも。洋風スープにも粉チーズ感覚で

にんにく(チューブ)
本書のレシピではにんにくを使っていません。においが気にならない方はちょい足ししてみて。
→ 中華風スープ、カレー粉、豆乳や牛乳を使ったスープに

梅肉(チューブ)
シンプルなすましタイプの和風スープにぴったり。胚芽押し麦のおかゆにもおすすめです。
→ 豆腐とねぎのしょうがとろみスープ(p.36)、鶏肉と大根のしょうがスープ(p.30)

わさび(チューブ)
すましタイプの和風スープに入れて、品のいい辛味をプラス。梅肉とのダブル使いもおすすめ。
→ 干ししいたけとトマトのスープ(p.62)、きのこの梅スープ(p.64)、みぞれ汁(p.87)

からし(チューブ)
ごま油を使った中華風スープ、みそ汁に入れるとグッと味わい深く。シンプルな野菜スープにも。
→ めかぶとえのきの中華スープ(p.69)、なすのごま汁(p.83)、鶏肉のポトフ風スープ(p.42)

しょうが(チューブ)
ちょい足しには携帯に便利なチューブでもよいでしょう。体あたため効果は変わりません。
→ しょうがを使ったスープに

とろろ昆布
汁を吸わせれば、ジャーの底に残ったスープが食べやすくなります。
→ 和風・中華風のスープに

七味唐辛子・粉山椒
味が薄いかなというときに、ひとふり。もの足りなさをカバー。
→ みそ汁、その他和風スープに

※にんにく、梅肉、わさび、からし、しょうがは、市販のチューブに入ったものを持って行くと便利です。

PART 4

食物繊維たっぷり！
便秘解消
スープ

便秘で悩む女性は多いですよね。
便秘を解消して腸内環境を整えると、
気持ちが前向きになり、お肌の調子もよくなります。
また、ダイエットにも不可欠な要素です。
便秘解消に大切なことは、適度な運動、
そして食物繊維と水分をきちんととること。
スープなら、サラダではとりにくい
食物繊維の多い食材がとりやすくなります。

【 食物繊維の多い食材 】

豆類
大豆・ひよこ豆
・赤いんげん など

ごま
いりごま・すりごま など

乾物
切り干し大根・干ししいたけ
・寒天 など

きのこ
えのき・しめじ など

海藻
ひじき・めかぶ・昆布 など

野菜類
オクラ・かぼちゃ・ブロッコリー
・とうもろこし など

チリコンカン

177 kcal

フレッシュトマトのうまみと酸味が口いっぱいに広がる本格的な味。
トマトから水分が出るので、水の量は少なめです。
タバスコは火を止めてから入れるほうが、
香り、辛味が飛びません。

材料（1人分）

豚ひき肉	30g
ミックスビーンズ（ゆで）	50g
トマト（ざく切り）	1個（130g）
A. 水	100cc
昆布	1×5cmのもの1枚
しょうゆ	大さじ1/2
ケチャップ	小さじ1
こしょう	少々
タバスコ	少々

作り方

1. 具材とAを小さめの鍋かフライパンに入れ、ふたをして火にかける。（昆布はキッチンばさみで細く切る）

2. 沸騰したらひき肉をほぐしながら混ぜ、全体が熱くなったらタバスコを入れてジャーに移す。

食物繊維たっぷり食材

ミックスビーンズ

やわらかくゆでられた数種類の豆がミックスされ、缶や袋入りになっています。パラパラ入れるだけで食物繊維たっぷりのスープになるスグレモノ。

※本書では撮影の都合上、スープを多めに入れています。

PART4【食物繊維たっぷり！便秘解消スープ】

ブロッコリーの
ミルクスープ

192 kcal

ブロッコリーは細かく刻んで入れるととろみのあるスープに
うまくなじみます。片栗粉を火にかける前によく溶かしておくのがコツ。
とろりとした舌ざわりがホワイトソースのような味わいです。

材料(1人分)

- ブロッコリー —— 2〜3房 (50g)
- 玉ねぎ(薄切り) —— 1/4個 (40g)
- ベーコン(5mm幅の細切り) —— 1枚 (20g)

- A. 水 —————————— 50cc
-    牛乳 ————————— 100cc
-    昆布 —— 1×5cmのもの1枚
-    塩 ——————————— 小さじ1/5
-    片栗粉 ———————— 小さじ1
- 粗びき黒こしょう ———— 少々

作り方

1. ブロッコリーは細かく刻む。
2. 具材とAを小さめの鍋かフライパンに入れ、片栗粉がよく溶けるまで混ぜ、ふたをして火にかける。(昆布はキッチンばさみで細く切る)
3. 途中1〜2回かき混ぜ、沸騰したら、粗びき黒こしょうを混ぜてジャーに移す。

食物繊維たっぷり食材

ブロッコリー

ブロッコリー2〜3房(50g)に含まれる食物繊維は約2.2g。冷凍のものも、上手に利用すれば必要な分だけ使うことができるので便利です。

PART4【食物繊維たっぷり！便秘解消スープ】

干ししいたけと
トマトのスープ

42 kcal

干ししいたけは戻さずに、乾いたまま軸をとり、砕いて入れるだけ。しいたけに含まれるグアニル酸とトマトのグルタミン酸の相乗効果で、しみじみ味わい深いスープに仕上がります。

材料（1人分）

干ししいたけ	2枚
プチトマト	4個
A．水	150cc
昆布	1×5cmのもの1枚
しょうゆ	大さじ1/2
削り節	1パック (3g)

作り方

1. 干ししいたけは、乾いたまま軸をとり、手で砕く。
2. 具材とAを小さめの鍋かフライパンに入れ、ふたをして火にかける。（昆布はキッチンばさみで細く切る）
3. 沸騰したら、削り節を入れてひと混ぜしてジャーに移す。

食物繊維たっぷり食材

干ししいたけ

干ししいたけ2枚（約4g）に含まれる食物繊維は約1.6g。ビタミンDを豊富に含み、カルシウムが骨に沈着するのを助けてくれるので、骨粗鬆症予防効果が期待できます。

PART4【食物繊維たっぷり！便秘解消スープ】

きのこの梅スープ

39 kcal

きのこは1種類で作るよりも
数種類組み合わせることで、うまみが増します。
梅干はきのこと一緒に加熱し、食べるときにつぶすのがおすすめ。
そのほうが、梅干の味わいが生きます。

材料（1人分）

干ししいたけ……………… 2枚	梅干し（種をとる）……… 1個
えのき（ざく切り）— 1/4袋（40g）	A. 水 …………………… 150cc
しめじ（小房）— 1/2パック（40g）	昆布 …… 1×5cmのもの1枚
	しょうゆ ………………… 少々
	削り節 …………… 1パック（3g）

作り方

1. 干ししいたけは乾いたまま軸をとり、手で砕く。
2. 具材とAを小さめの鍋かフライパンに入れ、ふたをして火にかける。（昆布はキッチンばさみで細く切る）
3. 沸騰したら削り節を入れてジャーに移す。食べるときに梅干をつぶす。

食物繊維たっぷり食材

えのき
えのき1/4パック（40g）に含まれる食物繊維は1.6g。根元を落とし、食べやすい長さに切って冷凍しておくと、いつでも使えて便利です。

PART4【食物繊維たっぷり！便秘解消スープ】

83 kcal

オクラと
コーンのスープ

鶏ひき肉は塊のまま水に入れて火にかけ、沸騰してからスプーンでほぐしながら混ぜると、アクの少ないきれいなスープに仕上がります。オクラのとろみとコーンの甘みで絶妙のおいしさ。

食物繊維たっぷり食材

オクラ

オクラ4本（40g）に含まれる食物繊維の量は約2g。ネバネバ成分のムチンは、タンパク質の消化吸収を助けてくれるので、たんぱく質食品と一緒にとるのがおすすめ。

材料（1人分）

鶏ひき肉	30g
オクラ（5mm幅の輪切り）	4本
冷凍コーン	大さじ3
A.水	150cc
昆布	1×5cmのもの1枚
塩	小さじ1/4
しょうゆ	少々
粗ひき黒こしょう	少々

作り方

1. 具材とAを小さめの鍋かフライパンに入れ、ふたをして火にかける。（昆布はキッチンばさみで細く切る）

2. 沸騰したらひき肉をほぐしながら混ぜ、ひき肉に火が通ったら粗びき黒こしょうを混ぜてジャーに移す。

PART4【食物繊維たっぷり！便秘解消スープ】

食物繊維たっぷり食材

ゆで大豆

ゆで大豆50gに含まれる食物繊維は約3.5g。小さめのドライパックを使うのがおすすめ。ゆで汁をきる必要がなく、使い残しの保存もラクです。

210 kcal

豆カレースープ

じゃがいもを薄切りにし、スープで煮てからジャーに移すと、予熱でどんどんやわらかくなり、食べるときに煮崩れていい感じのとろみになります。大豆の食感とのコントラストで美味しさがアップ。

材料（1人分）

玉ねぎ（薄切り）	1/8個（20g）
じゃがいも（薄切り）	1/2個（正味50gくらい）
ゆで大豆	50g
鶏ひき肉	30g
A. 水	150cc
昆布	1×5cmのもの1枚
カレー粉	小さじ1/2
ケチャップ	小さじ1/2
ウスターソース	大さじ1

作り方

1. 具材とAを小さめの鍋かフライパンに入れ、ふたをして火にかける。（昆布はキッチンばさみで細く切る）
2. 沸騰したらひき肉をつぶしながら混ぜ、全体が熱くなったらジャーに移す。

豚肉とひじきのスープ

長ひじきは乾いたままスープに入れるだけ。
ジャーの余熱で麺のような
シコっとした食感に煮上がります。
豚肉のうまみとひじきの磯の香りの相性もバッチリ。

食物繊維たっぷり食材

長ひじき

長ひじき5gに含まれる食物繊維は約2.2g。鉄分も豊富です。ひじきには長ひじきと芽ひじきがありますが、スープには長ひじきが食べやすくておすすめ。

材料（1人分）

豚薄切り肉（一口大）	30g
長ひじき	5g
長ねぎ（小口）	少々
しょうが（すりおろし）	1/2かけ
A. 水	150cc
しょうゆ	小さじ1
すりごま	大さじ1

作り方

1. 具材とAを小さめの鍋かフライパンに入れ、ふたをして火にかける。
2. 沸騰したら、すりごまを入れて、ひと混ぜしてジャーに移す。

＊豚肉の部位は肩ロースでも、ももでも好みのものを。

105 kcal

PART4【食物繊維たっぷり！便秘解消スープ】

めかぶとえのきの中華スープ

めかぶとえのきの微妙に違う食感が楽しいスープです。
どちらも低カロリーですが、
食物繊維がたっぷりで食べごたえがあります。
ごま油とこしょうの香りをきかせました。

| 食物繊維たっぷり食材 |

めかぶ
めかぶ1パック(40g)に含まれる食物繊維は約1.4g。めかぶは1人分ずつパックになっていて、味のついていないタイプが使いやすいです。

材料(1人分)

- めかぶ……………………1パック(40g)
- えのき(ざく切り)………1/4袋(40g)
- A．水………………………150cc
- 昆布………………1×5cmのもの1枚
- しょうゆ…………………小さじ1
- ごま油……………………少々
- 削り節……………………1パック(3g)
- こしょう…………………適宜

作り方

1. 具材とAを小さめの鍋かフライパンに入れ、ふたをして火にかける。(昆布はキッチンばさみで細く切る)
2. 沸騰したら削り節とごま油とこしょうを入れてジャーに入れる。

46 kcal

69

284 kcal

かぼちゃと
コーンのポタージュ

クリームコーンに牛乳を加えるだけでも
おいしいスープになりますが、ベーコンと昆布を
加えることで、グッとうまみが増します。
とろりと煮とけたかぼちゃは食べごたえがあり、
甘みがコーンとよく合います。

食物繊維たっぷり食材

クリームコーン

クリームコーン1/2缶に含まれる食物繊維は約1.8g。すでにとろみがあり、塩分を含んでいるので、ごく少量の塩を足すだけで味が決まります。

材料（1人分）

かぼちゃ（冷凍）	1個（30g）
クリームコーン	1/2缶（95g）
冷凍コーン	大さじ3
ベーコン（細切り）	1枚（20g）
A.牛乳	100cc
水	50cc
昆布	1×5cmのもの1枚
塩	少々
こしょう	

作り方

1. 冷凍かぼちゃはラップをして電子レンジで20秒ほど熱する。フォークなどで軽くつぶす。
2. 具材とAを小さめの鍋かフライパンに入れ、ふたをして火にかける。（昆布はキッチンばさみで細く切る）
3. 沸騰したら、こしょうを混ぜてジャーに入れる。

＊生のかぼちゃを使うときは1～2cm厚さに切り、そのまま入れてください。

PART4【食物繊維たっぷり！便秘解消スープ】

161 kcal

切り干し大根のみそ汁

切り干し大根は水で戻さないのがポイント。下準備はさっと洗ってキッチンばさみで切るだけです。切り干し大根からうまみと甘みがたっぷりしみ出し、みそ汁がグッとおいしく仕上がります。

材料（1人分）

切り干し大根	5g
油揚げ（短冊）	1/2枚（20g）
A．水	150cc
昆布	1×5cmのもの1枚
みそ	大さじ1/2
練りごま	小さじ1
削り節	1パック（3g）

作り方

1. 切り干し大根はサッと洗い、水気を切ってキッチンハサミで食べやすく切る。
2. 具材とAを小さめの鍋かフライパンに入れ、ふたをして火にかける。（昆布はキッチンばさみで細く切る）
3. 沸騰したら、削り節を入れてひと混ぜしてジャーに移す。

食物繊維たっぷり食材

切り干し大根

切り干し大根5gに含まれる食物繊維は約1g。ほかにも、カルシウム、鉄分、ビタミンB群など、体にうれしい栄養素が豊富です。

PART 5

疲れ気味のときは…
胃腸を休めるスープ

ちょっとかぜ気味のとき、疲れやストレスから
胃腸の調子が悪いとき、食欲が無いとき…。
そんなときは消化にいい、
お腹にやさしいスープがおすすめです。
あたたかいスープをお腹に入れるだけでも、
体の中から元気回復できるはず。

【 調子が悪いときのスープのポイントは… 】

◆ 消化のいい食材を使う

`鶏ささみ` `大根` `豆腐` など

脂肪分の少ない鶏ささみや、やわらかく消化のいい豆腐や煮た大根は、弱った胃腸に負担なく収まります。

◆ 免疫力アップ効果のある食材を使う

`かぼちゃ` `オクラ` `にんじん` `トマト` など

色の濃い野菜に含まれるカロテンは、免疫力をアップさせ、かぜ予防に効果的。喉などの粘膜も保護してくれます。

◆ 胃粘膜を保護する食材を使う

`オクラ` `牛乳` など

オクラのねばり、牛乳に含まれる乳脂肪分で胃の粘膜を保護します。

◆ ビタミン、ミネラルをたっぷりとる

`野菜` `ごま`

スープは水に溶け出したビタミンやミネラルを効率よく摂取することができるので、野菜をたっぷり入れるのがポイント。ごまを加えると、さらにミネラル分をプラスできます。

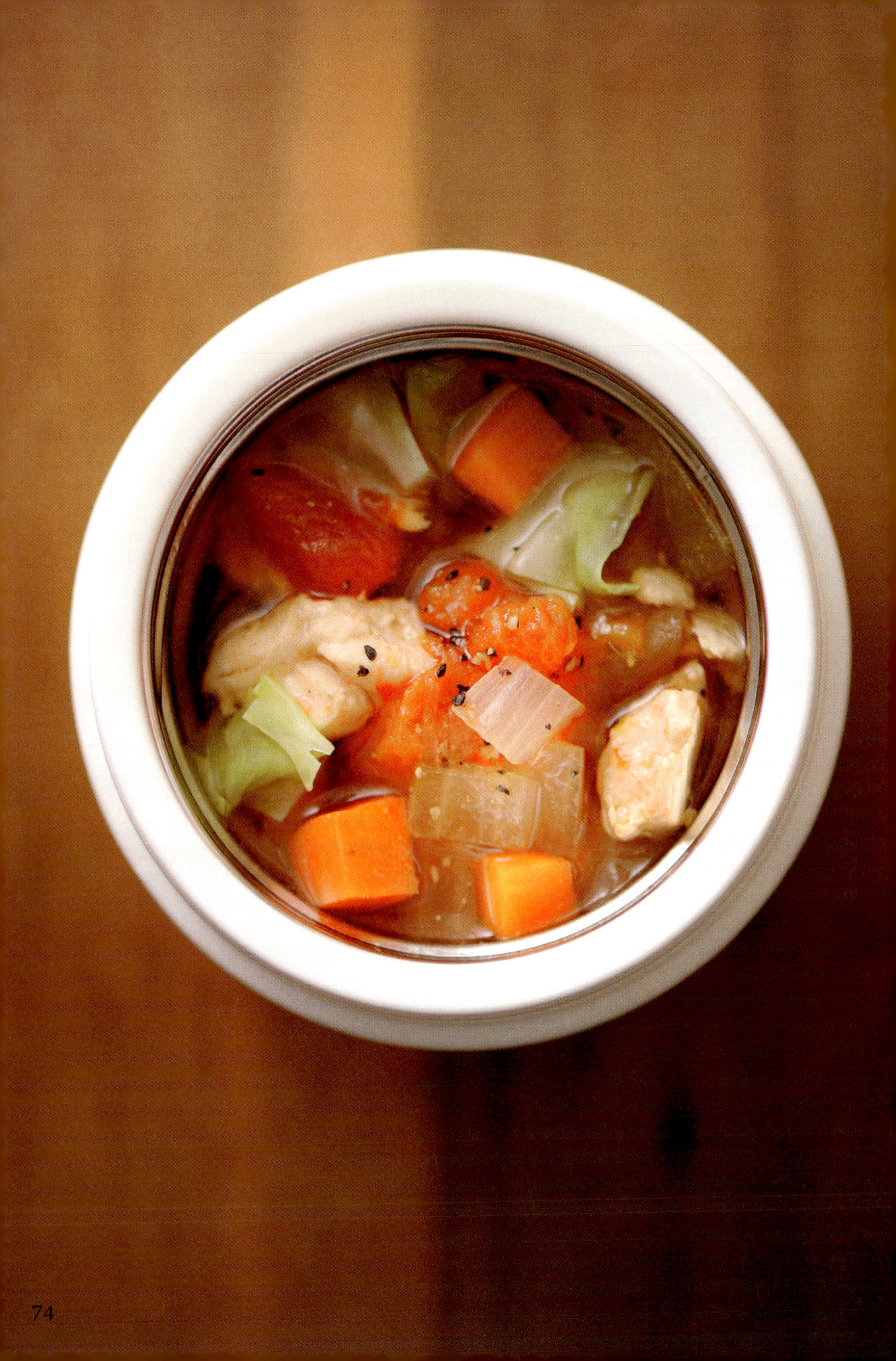

コロコロ野菜のスープ

87 kcal

鶏ささみ、野菜、水を入れて火にかけるだけ。
シンプルな調理法ですが、うまみは温度が上がっていくときに出るので、
鶏ささみと野菜から十分なおいしさを引き出せます。
野菜は量の目安（計量カップ1杯分、100g）を守れば、
白菜やきのこなど好みのものに変えても。

材料（1人分）

にんじん・玉ねぎ キャベツ・トマトなど	合わせて100g（およそ1カップ）
鶏ささみ（1.5cm角）	1本（50g）
A. 水	150cc
昆布	1×10cmのもの1枚
しょうゆ	大さじ1/2
塩	少々
こしょう	適宜

作り方

1. 具材とAを小さめの鍋かフライパンに入れ、ふたをして火にかける。（昆布はキッチンばさみで細く切る）
2. 沸騰したらこしょうを入れて、ひと混ぜしてジャーに移す。

胃腸にやさしい食材

トマト

昆布と同じうまみ成分のグルタミン酸がたっぷり含まれています。中途半端に残ったトマトはそのまま冷凍するのがおすすめ。凍ったまま必要な分だけ切ってスープに入れることができます。

※本書では撮影の都合上、スープを多めに入れています。

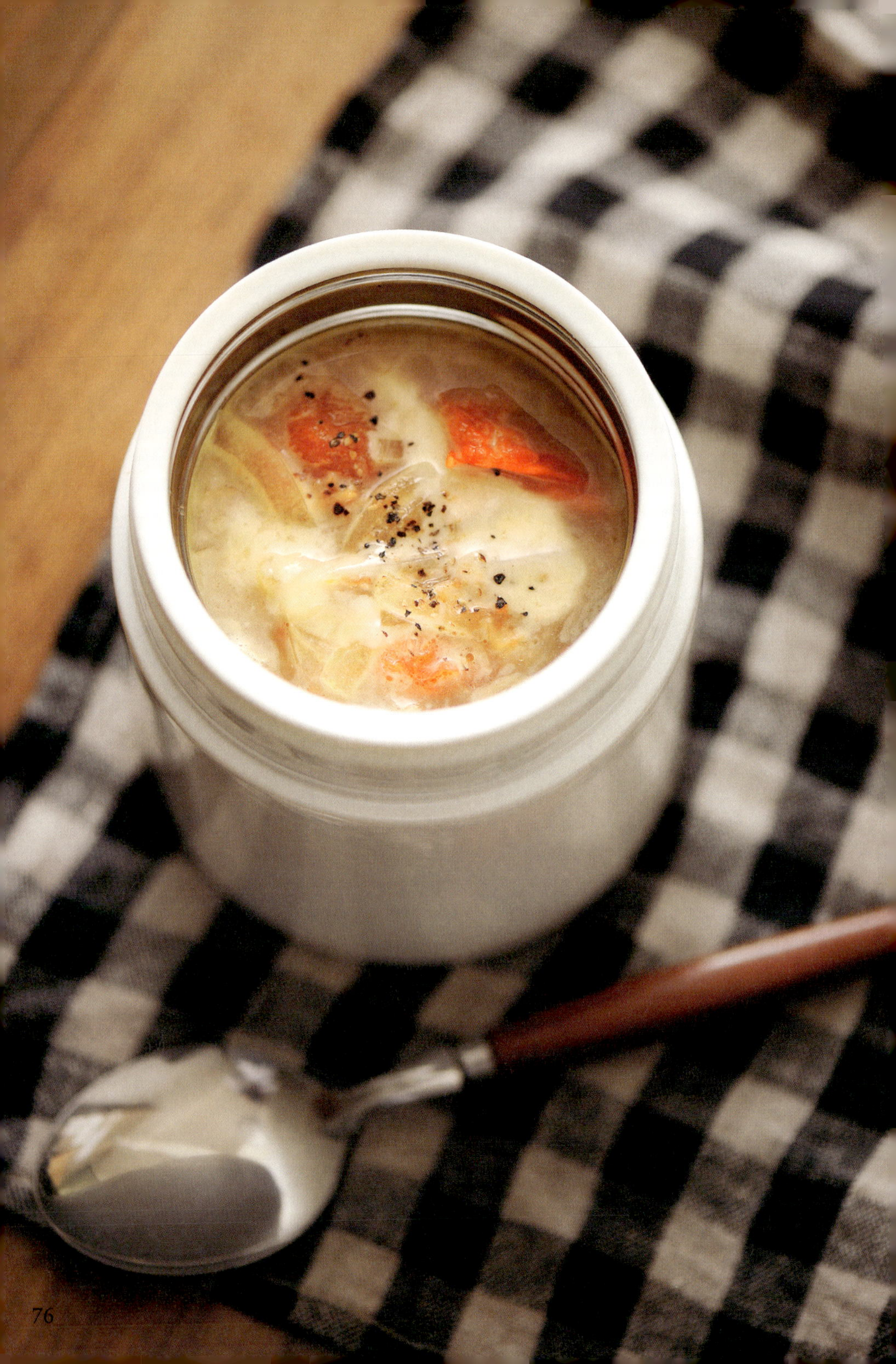

和風オニオングラタンスープ

138 kcal

炒めずに作るオニオングラタンスープです。
胃腸にやさしくするため、ベーコンを使わず削り節でうまみを加えています。
削り節は火を止める直前に入れるのがコツ。
具としても、うまみとしても活躍します。

材料（1人分）

- 玉ねぎ（薄切り）……1/2個（80g）
- プチトマト……4個
- A. 水……150cc
   - 昆布……1×5cmのもの1枚
   - しょうゆ……大さじ1/2
   - こしょう
- 削り節……1パック（3g）
- ピザ用チーズ……20g

作り方

1. 具材とAを小さめの鍋かフライパンに入れ、ふたをして火にかける。（昆布はキッチンハサミで細く切る）

2. 沸騰したら、削り節とピザ用チーズを入れ、チーズがとろりとしたらジャーに移す。

胃腸にやさしい食材

削り節

小さなパック入りのものがおすすめ。削りが細かいのでそのまま具として食べられます。1パックの量（グラム数）がレシピより多少多くても、1パック分入れてOKです。

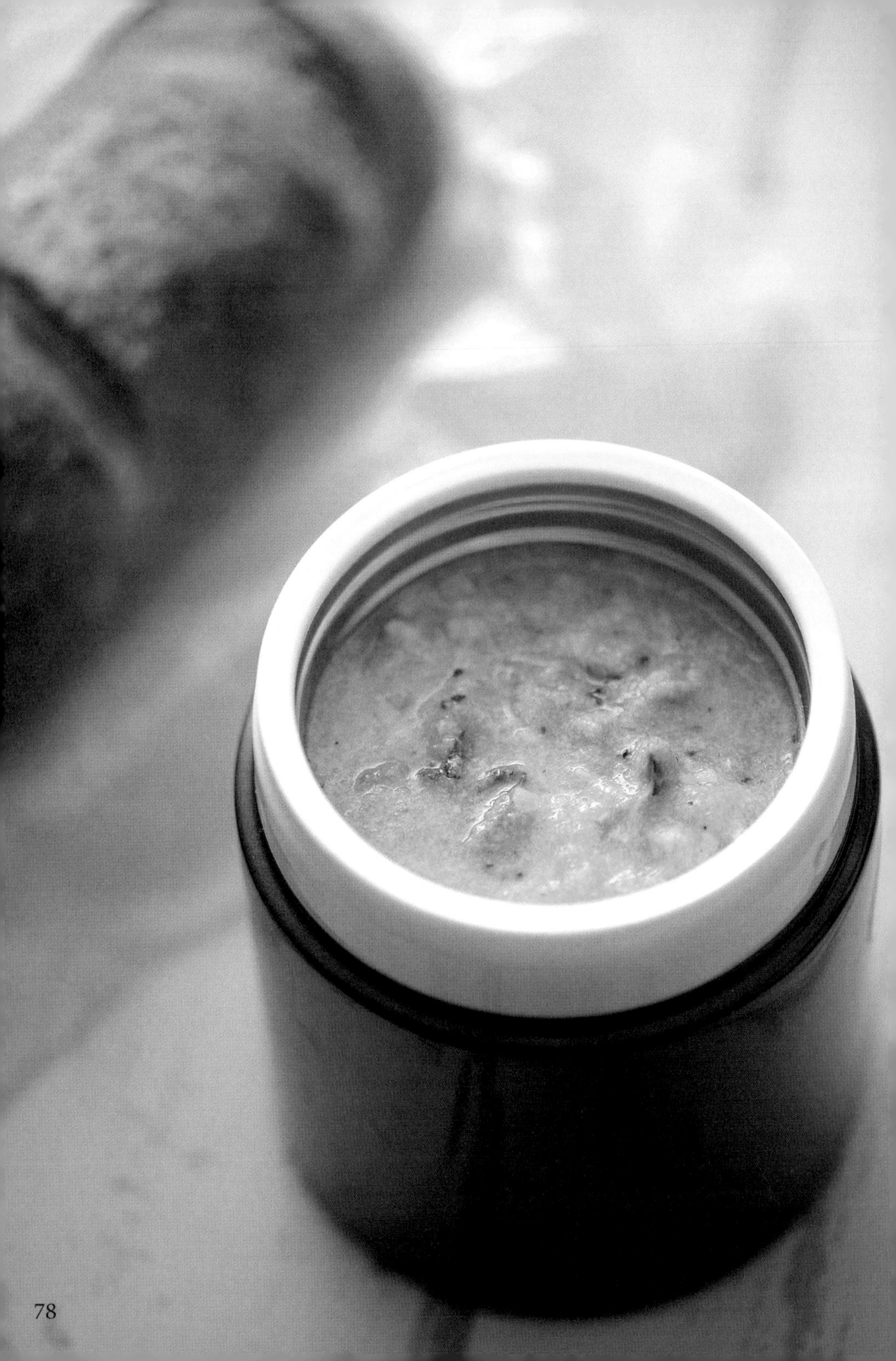

PART5【疲れ気味のときは…胃腸を休めるスープ】

かぼちゃのポタージュ

225 kcal

脂肪の少ない鶏ひき肉でうまみをプラスしているから、あっさり味。
沸騰させた後、鶏ひき肉をほぐしながらかぼちゃをつぶすと、
ミキサーなしでおいしいポタージュになります。

材料(1人分)

かぼちゃ (冷凍)	3切れ (90g)
鶏ひき肉	30g
A. 牛乳	100cc
水	50cc
昆布	1×5cmのもの1枚
塩	小さじ1/4
粗びき黒こしょう	少々

作り方

1. カボチャはラップをして、電子レンジで1分ほど加熱。1cm厚さくらいに切る。

2. 具材とAを小さめの鍋かフライパンに入れ、ふたをして火にかける。(昆布はキッチンばさみで細く切る)

3. 沸騰したらかぼちゃをつぶして、粗びき黒こしょうを混ぜ、ジャーに移す。

＊生のかぼちゃを使うときは1〜2cm厚さに切り、そのまま入れてください。

胃腸にやさしい食材

鶏ひき肉

あっさりとした上品なうまみを出しつつ、良質なたんぱく質がとれる具材にもなるスグレモノ。特に胸肉のひき肉は、うまみ成分のイノシン酸が多く含まれているのでおすすめです。

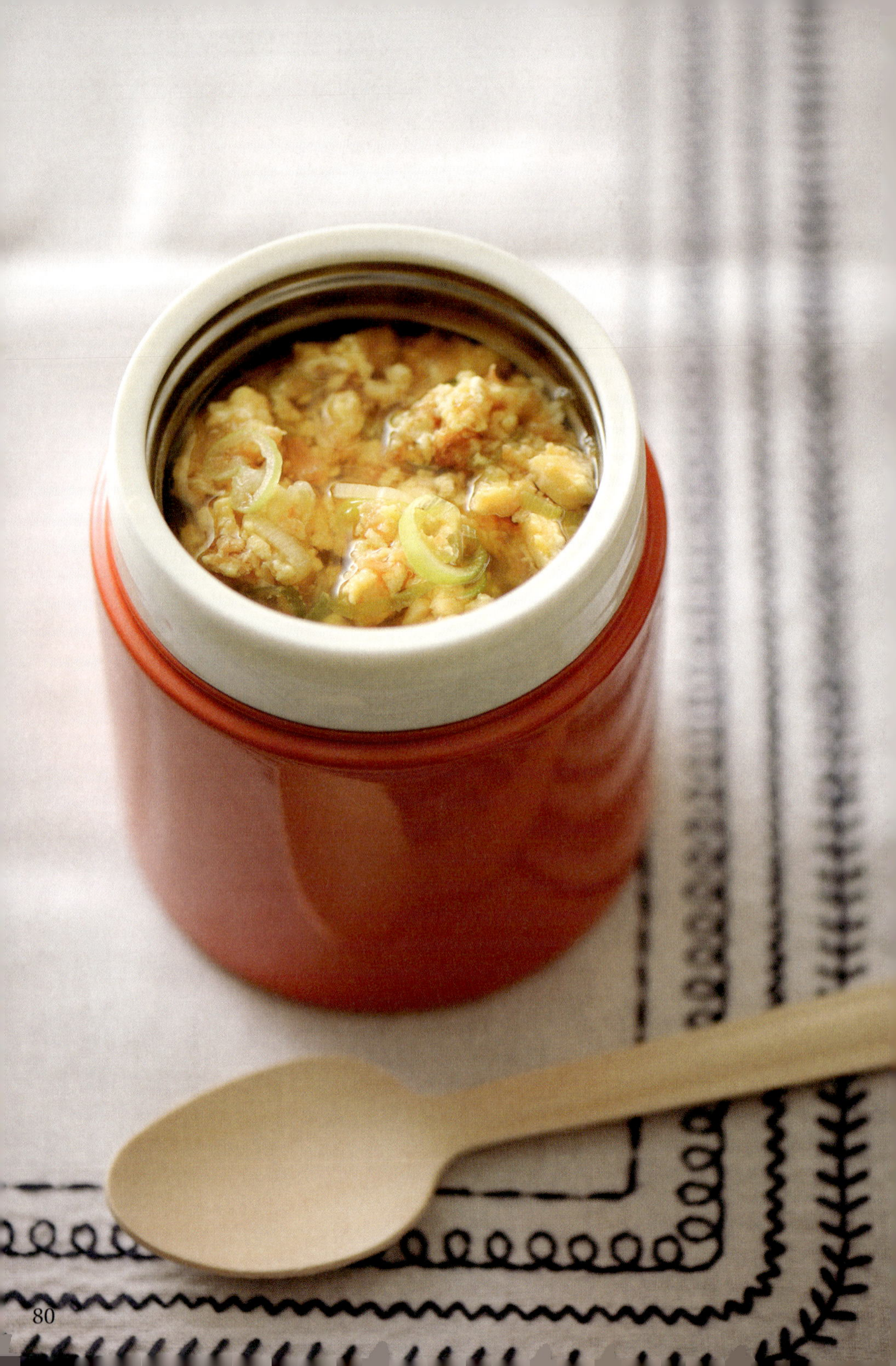

ふわふわチーズ卵スープ

215 kcal

硬くなったパンやパン粉でもいいのですが、消化にいい麩を使うことで胃にやさしいスープになり、ふわふわ感もアップします。
麩は手で砕いて卵と混ぜ、沸騰したところに加えるのがコツ。

材料（1人分）

卵	1個
麩	4〜5個
粉チーズ	大さじ2
長ねぎ（小口）	少々
A. 水	150cc
昆布	1×5cmのもの1枚
しょうゆ	小さじ1
削り節	1パック（3g）

作り方

1. 麩は手で砕き、そこに卵と粉チーズを混ぜておく。
2. Aと長ねぎを鍋に入れて、ふたをして火にかける。（昆布はキッチンばさみで細く切る）
3. 沸騰したら1を入れる。
4. 卵に火が通ってフワフワしたら削り節を入れてジャーに移す。

胃腸にやさしい食材

麩

麩の原料は小麦粉のたんぱく質。消化吸収がいいので病院食や離乳食にもよく使われます。いろいろな種類がありますが、ひと口サイズの「おつゆ麩（小町麩）」が使いやすい。

> **胃腸にやさしい食材**
>
> ### にんじん
> にんじんに含まれるベータカロテンの量は野菜の中でトップクラス。ベータカロテンには、免疫力を高めたり、粘膜を保護してくれる働きがあります。

204 kcal

すりおろし野菜のポタージュ

すりおろしにんじんだけだと繊維が口に残って食感が悪くなりますが、すりおろしたじゃがいものとろみと鶏ひき肉のつぶつぶ感で、気にならなくなります。粉チーズでうまみとコクをプラスしました。

材料（1人分）

にんじん（すりおろし）	2cm（30g）
じゃがいも（すりおろし）	1/2個（50g）
玉ねぎ（すりおろし）	1/8個（20g）
鶏ひき肉	30g
A. 牛乳	100cc
水	50cc
昆布	1×5cmのもの1枚
塩	小さじ1/4
粉チーズ	大さじ1
粗びき黒こしょう	少々

作り方

1. 具材とAを小さめの鍋かフライパンに入れ、混ぜながら火にかける。（昆布はキッチンばさみで細く切る）
2. 沸騰してとろみがついたら、粉チーズと粗びき黒こしょうを混ぜてジャーに移す。

PART5【疲れ気味のときは…胃腸を休めるスープ】

144 kcal

なすのごま汁

なすを薄切りにすると、クタッとやわらかく煮上がり、なんともホッとするみそ汁になります。
すりごまと練りごまのダブル使いでコクとビタミン、ミネラルをプラスしました。

胃腸にやさしい食材

すりごま

ごまは古来、「食べる丸薬」とも呼ばれるほど、ビタミン、ミネラルを豊富に含んでいます。固い皮が体内で消化されにくいため、すりごまを使うことで消化吸収がよくなります。

材料（1人分）

- なす（薄い半月切り） …… 1本
- しょうが（すりおろし） …… 1かけ
- A.水 …… 100cc
  - 昆布 …… 1×10cmのもの1枚
  - みそ …… 大さじ1/2
  - 練りごま …… 小さじ1
- 削り節 …… 1パック（3g）
- すりごま …… 大さじ1

作り方

1. 具材とAを小さめの鍋かフライパンに入れ、ふたをして火にかける。（昆布はキッチンハサミで細く切る）
2. 沸騰したら、削り節とすりごまを入れて、ひと混ぜしてジャーに移す。

76 kcal

くずし豆腐とオクラのスープ

豆腐は消化がよく、低カロリーでたんぱく質が豊富。オクラと一緒に加熱してからジャーに入れることで、熱くなった豆腐とオクラから出るとろみで、スープが冷めにくくなるのがうれしいところです。

胃腸にやさしい食材

オクラ
オクラのネバネバの成分であるムチンには胃粘膜を保護したり、胃潰瘍予防効果があると言われています。ベータカロテンも豊富なので、免疫力アップも期待できます。

材料（1人分）

豆腐	1/4丁
オクラ（5mm幅の輪切り）	4本
A.水	100cc
昆布	1×5cmのもの1枚
しょうゆ	大さじ1/2
削り節	1パック（3g）

作り方

1. 具材とAを小さめの鍋かフライパンに入れ、ふたをして火にかける。（昆布はキッチンばさみで細く切る）
2. 沸騰したら削り節を入れて、ひと混ぜしてジャーに移す。

PART5【疲れ気味のときは…胃腸を休めるスープ】

トマトみそ汁

トマトは洋風スープのイメージですが、トマトのグルタミン酸は昆布と同じうまみ成分なので、みそやかつお節とも相性がいいのです。軽くつぶしてからジャーに入れることでうまみがより引き出せます。

--- 胃腸にやさしい食材 ---

トマト
トマトに含まれるリコピンは抗酸化力が高く、さまざまな健康効果が期待できます。皮ごと加熱し、油と一緒にとることで吸収力がアップするので、ここでは油揚げと組み合わせました。

材料（1人分）

- トマト（ざく切り） 1個（130g）
- 油揚げ（短冊） 1/2枚（20g）
- A. 水 100cc
  - 昆布 1×5cmのも1枚
  - みそ 大さじ1/2
- 削り節 1パック（3g）

作り方

1. 具材とAを小さめの鍋かフライパンに入れ、ふたをして火にかける。（昆布はキッチンばさみで細く切る）
2. 沸騰したら、トマトを軽くつぶして、削り節を入れてひと混ぜしてジャーに移す。

130 kcal

123 kcal

たっぷり大根みそ汁

消化のいい大根をたっぷり食べられる
みそ汁です。沸騰後1〜2分、
大根が透き通るまで加熱してからジャーに
移すのがコツ。ジャーの中でだしのうまみが
ゆっくりと大根にしみ、
煮もののようなおいしさです。

材料(1人分)

大根(せん切り)	100g
油揚げ(短冊)	1/2枚(20g)
A. 水	150cc
昆布	1×5cmのもの1枚
みそ	大さじ1/2
削り節	1パック(3g)

作り方

1. 具材とAを小さめの鍋かフライパンに入れ、ふたをして火にかける。(昆布はキッチンばさみで細く切る)
2. 沸騰したら削り節を入れて、ひと混ぜしてジャーに移す。

胃腸にやさしい食材

大根

大根の消化酵素は熱に弱く、加熱すると消化を助ける効果は期待できませんが、大根自体消化がよく、熱い大根をたっぷり食べることで体があたたまります。

PART5【疲れ気味のときは…胃腸を休めるスープ】

みぞれ汁

大根おろしの水けが多いので、その他水分は少なめの
レシピです。しょうがのすりおろしをたっぷり加え、
とろみをつけることで、お腹の中から
じんわりとあたたまります。

胃腸にやさしい食材

鶏ささみ
1本加えるだけでうまみが溶け出
し、上品なチキンスープになりま
す。スープジャーなら加熱しすぎ
ることがないので、脂肪の少ない
ささみでも、パサつくことはあり
ません。

材料（1人分）

- 鶏ささみ（細切り）……… 1本（50g）
- 大根（すりおろし）……… 100g
- しょうが（すりおろし）……… 1かけ
- A. 水 ……… 100cc
  - 昆布 ……… 1×5cmのもの1枚
  - 片栗粉 ……… 小さじ1/2
  - しょうゆ ……… 大さじ1/2

作り方

1. 具材とAを小さめの鍋かフライパンに入れ、片栗粉がよく溶けるまで混ぜたら、ふたをして火にかける。（昆布はキッチンばさみで細く切る）
2. 途中1〜2回かき混ぜ、沸騰したジャーに移す。

＊食べるときにわさびや梅肉を入れてもOK！

86 kcal

PART 6

腹もち抜群！
ダイエットヌードル
＆
ごはん

【 糸こんにゃく 】

食物繊維がたっぷりで、低カロリーの糸こんにゃく。時間がたっても、スープを吸ってやわらかくなりすぎることがなく、つるつるとした食感が楽しめるのもおすすめポイントです。そのまま入れてもOKですが、下処理をすることで、プリプリ感が増し、スープが水っぽくなる失敗もありません。

【 糸こんにゃくの下処理 】

1. ざるにあげて水をきり、キッチンばさみか包丁で食べやすい長さに切る。
2. キッチンペーパーをしいた耐熱皿に糸こんにゃくを広げて入れ、電子レンジで加熱する（ラップはかけない。糸こんにゃく100gなら約2分、200gなら約4分）。
3. そのまま冷まし、あら熱がとれたら、保存袋に入れて冷蔵庫で保存する。約1週間保存可能。

※糸こんにゃくは「下ゆで不要」と表示されているものがおすすめ

【 胚芽押麦 】

おかゆ＆リゾットに使ったのは、胚芽押麦。大麦を加熱して平たくしたものです。ぷちぷちとした食感が特徴で、食物繊維は米の20倍。ビタミン、ミネラルも豊富なので、美容と健康を意識する女性の間では人気の食材。スーパーでも手に入りやすく、米と一緒に炊き込めるように処理されているので、洗う必要がないのが手軽です。麦ごはんを炊くとなると大変な感じがしますが、PART6で紹介する方法なら、1人分をチャチャッと作れるのでとても簡単です。

※左ページの写真は生の胚芽押麦、右の写真は加熱後の胚芽押麦

和風きつね カレーヌードル

214 kcal

カレーうどん風のスープです。豚肉と削り節、ダブルでうまみを加え、片栗粉でとろみをつけることで糸こんにゃくにおいしい味がからみます。しょうがとカレー粉で体もポカポカに。

材料（1人分）

豚薄切り肉（一口大）	30g
長ねぎ（小口）	適宜
油揚げ（短冊）	1/2枚（20g）
糸こんにゃく	50g
しょうが（すりおろし）	1/2かけ

A. 水	150cc
昆布	1×5cmのもの1枚
しょうゆ	大さじ1/2
みりん	大さじ1/2
カレー粉	小さじ1/2
片栗粉	小さじ1/2
削り節	1パック（3g）

作り方

1. 具材とAを小さめの鍋かフライパンに入れ、片栗粉がよく溶けるまで混ぜたら、ふたをして火にかける。（昆布はキッチンばさみで細く切る）

2. 途中1～2回かき混ぜ、沸騰したら、削り節を混ぜてジャーに移す。

＊豚肉の部位は肩ロースでも、ももでも好みのものを。

腹もち良好ヘルシー食材

糸こんにゃく

しらたきという名前で売られていることもある、麺状のこんにゃく。50gで3kcalと低カロリーで、食物繊維は約1.5g。不溶性食物繊維なので、便秘改善の強い味方です。

※本書では撮影の都合上、スープを多めに入れています。

PART6【腹もち抜群！ダイエットヌードル&ごはん】

タンタンヌードル

156 kcal

豚ひき肉に練りごまを加え、ピリ辛の中華風に仕上げました。糸こんにゃくのシコシコ感が中華麺のようです。ごま油とこしょうはジャーに移す直前に加えると香りが逃げません。

材料(1人分)

豚ひき肉	30g
長ねぎ(小口)	1/2本(30g)
糸こんにゃく	50g
しょうが(すりおろす)	1かけ

A. 水	150g
昆布	1×5cmのもの1枚
練りごま	小さじ1
豆板醤	小さじ1/3
オイスターソース	小さじ1
しょうゆ・こしょう	各少々
片栗粉	小さじ1
ごま油・こしょう	各少々

作り方

1. 具材とAを小さめの鍋かフライパンに入れ、ふたをして火にかける。(昆布はキッチンばさみで細く切る)

2. 途中1〜2回かき混ぜ、沸騰したらごま油とこしょうを混ぜてジャーに移す。

腹もち良好ヘルシー食材

練りごま

ごまをペースト状にした練りごまは、市販品を使えば手軽です。白より黒のほうがミネラル分は若干多いのですが、口のまわりに付くのが気になるので、ここでは白を使っています。

PART6【腹もち抜群！ダイエットヌードル＆ごはん】

153 kcal

トマトヌードル

野菜ジュースは果物が入っていないものを。
数種類の野菜のうまみがブレンドされているので、
それだけでおいしいスープになります。
しめじで食べごたえとうまみをプラスしました。

腹もち良好ヘルシー食材

粉チーズ
うまみ成分のグルタミン酸が多く含まれているので、大さじ1杯程度加えるだけでも、グンと深みのある味になります。ジャーに移す直前に加えてください。

材料（1人分）

しめじ（小房）	1/2パック
糸こんにゃく	50g
ベーコン（5mm幅の細切り）	1枚（20g）
A.野菜ジュース	100cc
水	50cc
しょうゆ	小さじ1
ケチャップ	小さじ1
粉チーズ	大さじ1
粗びき黒こしょう	適宜

作り方

1. 具材とAを小さめの鍋かフライパンに入れ、ふたをして火にかける。
2. 沸騰したら粉チーズと粗びき黒こしょうを混ぜてジャーに移す。

PART 6【腹もち抜群！ダイエットヌードル&ごはん】

腹もち良好ヘルシー食材

キャベツ

キャベツに豊富に含まれるビタミンCは鉄分の吸収を、ビタミンKはカルシウムの吸収をサポート。ざく切りするときは短めに切ると、ジャーに移しやすくなります。

103 kcal

ちゃんぽん風ヌードル

シーフードミックスのうまみに豆乳をプラスすると、白湯スープ風の味になります。先に水だけで蒸し煮して、後から豆乳を加えるのがコツ。こしょうをきかせるのがおすすめです。

材料（1人分）

冷凍シーフードミックス	40g
キャベツ（ざく切り）	1枚（50g）
しょうが（すりおろし）	1かけ
糸こんにゃく	50g
A. 水	50cc
昆布	1×5cmのもの1枚
塩	小さじ1/4
豆乳	100cc
ごま油・こしょう	各少々

作り方

1. 具材とAを小さめの鍋かフライパンに入れ、ふたをして火にかける。（昆布はキッチンばさみで細く切る）
2. 沸騰したら豆乳を加え、再び沸騰したらごま油、こしょうを混ぜてジャーに移す。

173 kcal

みそラーメン風ヌードル

煮干しのかわりにちりめんじゃこを使い、豚肉をプラスしてダブルスープにしてみました。もやしと糸こんにゃくを合わせることで、ラーメン風の食感がより楽しめます。

材料（1人分）

ちりめんじゃこ	大さじ1
豚薄切り肉（一口大）	30g
モヤシ	50g
長ねぎ（小口切り）	1/4本（15g）
糸こんにゃく	50g
A. 水	150cc
昆布	1×5cmのもの1枚
みそ	大さじ1/2
すりごま	小さじ1
ごま油（またはラー油）	適宜

作り方

1. 具材とAを小さめの鍋かフライパンに入れ、ふたをして火にかける。（昆布はキッチンばさみで細く切る）

2. 沸騰したら、すりごま、ごま油（またはラー油）を入れてジャーに移す。

＊豚肉の部位は肩ロースでも、ももでも好みのものを。

腹もち良好ヘルシー食材

もやし

グルタミン酸が多く、スープのうまみがグッと増します。残ったらジッパーつきの保存袋に入れて冷凍がおすすめ。凍ったまま短く折って使うとジャーに入れやすくなります。

PART6【腹もち抜群！ダイエットヌードル&ごはん】

わかめヌードル

シンプルなわかめと糸こんにゃくだけのスープですが、
食べすぎた次の日や野菜不足で便秘気味のときには、
簡単に作れて食物繊維たっぷりの、
こんなスープがうれしいものです。

腹もち良好ヘルシー食材

カットわかめ
買いおきしておくと便利です。3本指でひとつまみしたくらいの量が約1g。入れ過ぎるとしょっぱくなり、スープを吸いすぎて汁けがなくなってしまうので要注意。

材料（1人分）

カットわかめ	2g
糸こんにゃく	50g
しょうが（すりおろし）	適宜
A.水	150cc
しょうゆ	小さじ1
削り節	1パック（3g）
ごま油・こしょう	適宜

作り方

1. 具材とAを小さめの鍋かフライパンに入れ、ふたをして火にかける。
2. 沸騰したら削り節、ごま油、こしょうを混ぜてジャーに移す。

39 kcal

押麦の白がゆ

70 kcal

人気の大麦の胚芽を残して平たく加工したものが胚芽押麦。
白米の20倍の食物繊維を含み、ビタミン・ミネラルも豊富。
スープジャーを使った1人分のおかゆなら、
麦ごはんを炊くよりも手軽に作れます。
もちろん、同じレシピで白米のおかゆも作れます。

材料(1人分)

水	150cc
胚芽押麦	大さじ2

作り方

1. 小さめの鍋かフライパンに水、押麦を入れ、蓋をしてから火にかける。
2. 沸騰したらひと混ぜしてジャーに移す。

腹もち良好ヘルシー食材

胚芽押麦

炊きこみ用の押麦は洗わずに使えて便利。50g入りの小袋タイプを使う場合は水の量を200mlにして。主食としてたっぷり食べたいときにどうぞ(50gは大さじ約6杯)。

PART6【腹もち抜群！ダイエットヌードル＆ごはん】

ひじきがゆ

煮物で使うと、頑張らないと
ちょっとハードルの高い素材、ひじき。
乾いたままパラパラと入れるだけで
たっぷり食べられる、スープジャーのおかゆなら、
気軽だと思いませんか？

腹もち良好ヘルシー食材

芽ひじき
長ひじきに比べて短く、やわらかいので、押麦や米となじみやすく、食べやすいのがおかゆにおすすめのポイント。戻すとかさが約7倍になるので、入れすぎに注意してください。

材料(1人分)

胚芽押麦	大さじ2
ちりめんじゃこ	大さじ1
芽ひじき	小さじ2
水	150cc

作り方

1. 小さめの鍋かフライパンにすべての材料を入れて、ふたをして火にかける。
2. 沸騰したらひと混ぜしてジャーに移す。

95 kcal

PART6【腹もち抜群！ダイエットヌードル&ごはん】

腹もち良好ヘルシー食材

塩

精製塩よりミネラル分の多い粗塩がおすすめ。味がまろやかなだけでなく、1人分のスープは少量なら粗塩の方が計りやすいのです。小さじ1/5は2本指で2つまみ、1/4は3つまみが目安です。

124 kcal

サムゲタン

鶏ささみを1本入れるだけで、鶏のうまみたっぷりの中華がゆができあがります。長ねぎを多めに入れたり、ごま油やしょうが、ごまなどを加えて自分好みの味にアレンジしても楽しいです。

材料(1人分)

胚芽押麦	大さじ2
鶏ささみ (細切り)	1枚 (50g)
長ねぎ (小口切り)	少々
水	150cc
昆布	1×5cmのもの1枚
塩	小さじ1/5

作り方

1. すべての材料を鍋に入れて、ふたをして火にかける。
2. 沸騰したらひと混ぜし、鶏肉に火が通ったらジャーに移す。

176 kcal

きのこのリゾット

牛乳を加えて煮るとドリアみたいなリゾットに。
牛乳は傷みやすいので、しっかり沸騰させます。
作ってから5時間までをめどに、
それ以上は長くおかずに食べきるようにしてください。

腹もち良好ヘルシー食材
しめじ 軸が長いとジャーに移しにくいので、手で半分にちぎりながら鍋に入れます。残ったら小房に分けて保存袋に入れ、冷凍しましょう。必要な分ずつ凍ったまま使えるので便利です。

材料（1人分）

- 胚芽押麦 ……………… 大さじ2
- しめじ（小房）………… 1/2パック
- A. 水 …………………… 50cc
-   牛乳 ………………… 100cc
-   塩 …………………… 小さじ1/5
- 粉チーズ ……………… 大さじ1
- 粗びき黒こしょう

作り方

1. 具材とAを小さめの鍋かフライパンに入れ、ふたをして火にかける。
2. 沸騰したら、粉チーズと粗びき黒こしょうを混ぜてジャーに移す。

PART 6【腹もち抜群！ダイエットヌードル&ごはん】

182 kcal

かぼちゃ豆乳がゆ

かぼちゃのおかゆはとろりと甘く、
食べごたえもあってリピートしたくなる
おいしさ。豆乳を水に変えると
さっぱり味に。粉チーズを入れれば
リゾット風に、すりごまを入れると
グッと和風になります。

材料（1人分）

胚芽押麦	大さじ2
かぼちゃ（冷凍）	2切れ（60g）
A. 水	50cc
塩	小さじ1/2
豆乳	100cc
すりごま	小さじ1

作り方

1. かぼちゃはラップをして電子レンジで20秒ほど加熱する。1cm幅に切る。

2. 具材とAを小さめの鍋かフライパンに入れ、ふたをして火にかける。

3. 沸騰したら、かぼちゃを潰して豆乳を入れ、再び沸騰したら、練りごまを混ぜてジャーに移す。

＊生のかぼちゃを使うときは1〜2cm厚さに切り、そのまま入れてください。

腹もち良好ヘルシー食材

かぼちゃ

ビタミンE、ベータカロテン、ビタミンC、食物繊維を豊富に含む優秀野菜。冷凍かぼちゃは必要な分だけ使えるのでおすすめです。あらかじめ電子レンジにかけてから使います。

163 kcal

大豆がゆ

ちりめんじゃこと大豆入りのおかゆは、肉類や脂っこい食事が続いたときのリセットごはんにぴったり。
ゆかり粉の酸味と塩分が、大豆の甘みを引き立てます。ないときは梅干しでも。

材料(1人分)

胚芽押麦	大さじ2
ちりめんじゃこ	大さじ1
ゆで大豆	50g
A.水	150cc
ゆかり粉	小さじ1/2

作り方

1. 具材とAを小さめの鍋かフライパンに入れ、ふたをして火にかける。
2. 沸騰したらゆかりを混ぜてジャーに移す。

腹もち良好ヘルシー食材

雑穀

市販の雑穀ミックス(白米に混ぜて炊くタイプの商品)でも雑穀がゆやリゾットを作ることができます。作り方は胚芽押麦と同じで、1袋約50gに対して水200mlです。

PART6【腹もち抜群！ダイエットヌードル&ごはん】

大根のみそおじや

大根は細切りにしましたが、
細く切るのがめんどうなときは薄めのいちょう切りでも
かまいません。ちりめんじゃこから出るうまみで、
大根がグッと味わい深くなります。

> **腹もち良好ヘルシー食材**
>
> みそ
> 普段みそ汁に使っているみそで
> OK。本書では、みそ汁1杯あたり、
> みそ大さじ1/2が基本の分量。
> ちょっと薄めですが、これくらいの
> ほうが素材のうまみが味わえます。

材料（1人分）

胚芽押麦	大さじ2
大根（細切り）	100g
ちりめんじゃこ	大さじ1
長ねぎ（小口切り）	1/4本（15g）
A.水	150cc
みそ	小さじ1

作り方

1. 具材とAを小さめの鍋かフライパンに入れ、ふたをして火にかける。
2. 沸騰したら、ひと混ぜしてジャーに移す。

125 kcal

85 kcal

オクラがゆ

オクラは薄く切りすぎず、
1cmほどの厚さでザクザク切って入れると、
やわらかく、トロリと煮えた独特の食感が楽しめます。

材料（1人分）

胚芽押麦	大さじ2
オクラ（1cm厚さの輪切り）	4本
梅干（種をとる）	1個
A.水	150cc
塩	少々

作り方

1. 具材とAを小さめの鍋かフライパンに入れ、ふたをして火にかける。
2. 沸騰したら、ひと混ぜしてジャーに移す。
3. 梅干は食べるときにつぶす。

腹もち良好ヘルシー食材

梅干し

梅干しのクエン酸には疲労回復効果が。後から加えるとスープの温度が下がってしまうので、初めから入れてあたためるのがコツ。食べるときにつぶすと、香りと酸味が生きます。

PART6【腹もち抜群！ダイエットヌードル＆ごはん】

241 kcal

トマトリゾット

押麦ととうもろこしの組み合わせは、
微妙に違うプチプチ食感が楽しく、
彩りもきれい。サラダ感覚で食べられます。
粗びき黒こしょうをきかせると、
とうもろこしの甘さが引き立ちます。

腹もち良好ヘルシー食材

プチトマト
必要な分だけ使えるので便利です。
残ったらヘタをとってジッパーつき
の保存袋に入れて冷凍して。凍った
まま加熱するとすぐ煮くずれ、スープ
にうまみをプラスしてくれます。

材料（1人分）

胚芽押麦	大さじ2
冷凍コーン	大さじ4
プチトマト	4個
ベーコン（細切り）	1枚（20g）
A．水	150cc
塩	小さじ1/4
粉チーズ	大さじ1
粗びき黒こしょう	少々

作り方

1. 具材とAを小さめの鍋かフライパンに入れ、ふたをして火にかける。
2. 沸騰したらプチトマトを軽くつぶし、粉チーズと粗びき黒こしょうを混ぜてジャーに移す。

めかぶがゆ

めかぶのとろみと押麦のプチプチ食感の
コントラストが何ともおいしいおかゆ。
ポン酢しょうゆと柚子こしょうで味つけをしました。
まろやかな酸味と柚子の香り、辛味が、食欲をそそります。

---| 腹もち良好ヘルシー食材 |---

ポン酢しょうゆ
煮ると香りが飛ぶので、火を止める直前に入れて、再度ひと煮立ちしたところでジャーに移すといいでしょう。鍋料理のシメの雑炊のような味になります。

材料（1人分）

胚芽押麦	大さじ2
めかぶ	1パック
A.水	150cc
ポン酢しょうゆ	大さじ1〜2
柚子こしょう	小さじ1/2

作り方

1. 具材とAを小さめの鍋かフライパンに入れ、ふたをして火にかける。
2. 沸騰したらポン酢しょうゆと柚子こしょうを混ぜてジャーに移す。

90 kcal

冷えは美容と健康の大敵！
夏こそ熱いスープが おすすめです

　暑い夏に熱いスープ!?　と思うかもしれませんが、暑い夏こそ熱いスープがおすすめです。電車に乗っても、建物に入っても、仕事をしていても冷房がききすぎているということはありませんか？　また、冷たい飲み物や、冷たい麺類など、ひんやり口当たりのいいものばかりを食べたり、湯船に浸かることなく、ついついシャワーでお風呂を済ませてしまったりしていませんか？

　実は冷えは冬に限ったことではなく、夏も体は随分冷えています。特に冷たい食べ物はお腹の中から体を冷やすので、胃腸の働きを低下させ、結果として体調不良の大きな原因にもなります。また体が冷えると基礎代謝が落ちるので「食欲は落ちているのに夏太り」なんてことも起こってきます（これは大変!!）。

　そこでスープランチです。靴下やストールやひざ掛けなどで冷え対策をするように、熱いスープでお腹の中から体をあたためて、内側からの冷えを解消することが大切です。

　スープのいいところはそれだけではありません。夏の野菜料理といえば生野菜のサラダばかりになりがちですが、スープならいも類や根菜類や乾物など、サラダでは食べにくい食材も簡単に食べることができます。これらの食材は、夏に不足しがちな栄養を効率よく補給してくれます。また体をあたためるしょうがや長ねぎなどを自分好みにたっぷりプラスできるのも手作りならではのメリット。もちろん、この本で紹介したスープは加熱時間が短いので、暑い夏の朝でもちゃちゃっと気楽に作れるはず。

　暑い夏こそ熱いスープ。体の中からの冷え対策、おすすめです。

食材別索引

【野菜】
- オクラ　66、84、106
- かぼちゃ　37、52、70、79、103
- キャベツ　32、75、95
- じゃがいも　42、45、49、53、67、82
- しょうが　22、24、28、30、32、34、35、36、37、47、49、50、68、83、87、90、92、95、97
- 玉ねぎ　22、37、43、49、60、67、75、77、82
- 大根　30、86、87、105
- トマト　58、75、85
- 長ねぎ　24、26、28、34、36、41、50、54、68、81、90、92、96、101、105
- なす　83
- にんじん　43、75、82
- 白菜　35、51
- ブロッコリー　43、60
- プチトマト　45、47、52、62、77、107
- もやし　96
- ゆで大豆・ミックスビーンズ　58、67、104
- 冷凍コーン・クリームコーン　34、53、66、70、107

【きのこ】
- えのき　28、64、69
- しめじ　41、47、51、54、64、94、102
- 干しいたけ　30、62、64

【肉類】
- 鶏ささみ　26、30、43、51、75、87、101
- 鶏ひき肉　28、34、54、66、67、78、82
- 豚ひき肉　50、52、58、92
- 豚薄切り肉　45、68、90、96
- ベーコン　60、70、94、107

【魚介加工品】
- 鮭中骨水煮缶　49
- ちりめんじゃこ　36、96、100、104、105
- ツナ缶　35、53
- 冷凍シーフードミックス　46、95

【海藻類】
- 長ひじき・芽ひじき　68、100
- めかぶ　69、108
- もずく　24
- カットわかめ　97

【大豆加工品】
- 油揚げ ……… 32、71、85、86、90
- 豆乳 ……………… 35、51、95、103
- 豆腐 …………… 24、36、41、50、84

【乳製品】
- 牛乳 ………… 53、60、70、79、82、102
- 粉チーズ・ピザ用チーズ
  ……………… 77、81、82、94、102、107

【その他】
- 糸こんにゃく … 90、92、94、95、96、97
- 梅干し ………………………… 64、106
- 切り干し大根 ………………………… 71
- 卵 …………………………… 28、81
- 胚芽押麦 ……………… 98、100、101、
  102、103、104、105、106、107、108
- 麩 …………………………………… 81
- 野菜ジュース ………………… 52、94

著者
奥薗壽子（おくぞの・としこ）

家庭料理研究家。京都府出身。繰り返し食べてもあきない家庭料理に魅せられ、「料理は楽しくシンプルに」をモットーに、いらない手間を省いた簡単で美味しく理にかなったスマートな料理を提唱。世の台所から喝采を浴びている。ズボラと自称しつつもうま味をしっかり生かし、野菜や乾物を上手に使い、ゴミを出さない料理家としても人気。
近年は簡単で質の高い健康レシピを披露し、医学関係者から高く評価されており、日々の家庭料理が健康を支えることの大切さを発信している。『おくぞの流 簡単・激早 シリーズ』（講談社）『奥薗流 ごはんの基本！』（世界文化社）

料理・文／奥薗壽子
企画・編集／佐藤信之（世界文化社）
　　　　　　内堀俊（スタジオダンク）
カバー・本文デザイン／佐々木麗奈（スタジオダンク）
スタイリング／加藤洋子
撮影／市瀬真以（スタジオダンク）
校正／株式会社文字工房燦光
編集協力／株式会社ホリプロ
　　　　　株式会社ドウシシャ
　　　　　株式会社ビリーフ
DTP制作／株式会社エストール
カロリー計算／株式会社東洋システムサイエンス

手づくりスープはカラダにやさしい！
スープジャーのお弁当

発行日	2013年11月10日　初版第1刷発行
	2014年 3月25日　　第6刷発行
著者	奥薗壽子
発行者	小穴康二
発行	株式会社世界文化社
	〒102-8187 東京都千代田区九段北4-2-29
	TEL 03-3262-5118（編集部）
	TEL 03-3262-5115（販売部）
印刷・製本	凸版印刷株式会社

© Toshiko OKUZONO, STUDIO DUNK, 2013.Printed in Japan
ISBN 978-4-418-13344-4

無断転載・複写を禁じます。定価はカバーに表示してあります。
落丁・乱丁のある場合はお取り替えいたします。